U0165967

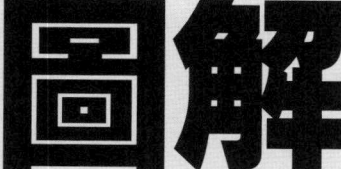

圖解系列

圖解

三大特色
● 一讀就懂的教育行政實務知識
● 文字敘述淺顯易懂、提綱挈領
● 圖表形式快速理解、加強記憶

教育行政實務

秦夢群
鄭文淵 著

閱讀文字

理解內容

觀看圖表

五南圖書出版公司 印行

本書目錄

本書目錄

第 1 章

教育行政制度與組織

章節體系架構 ▼

　　教育行政是一門重視實踐的學科，所發展的相關理論均來自實務運作之需求。因此，秉持相同理念之教育行政者，一旦進入執行階段，往往產生歧異之作法，此乃所謂「戲法人人會變，巧妙各有不同」。

　　從歷史的觀點而論，正式的教育行政組織出現於 19 世紀。及至今日，在理念上，其受到平等、卓越、自主、多元的價值觀影響；在實際運作上，則受到文化傳統、政治體制、科技發展、經濟成長、社會結構等因素之影響。

　　教育行政制度與組織乃為實踐上述價值觀的理念而創設。本章先介紹教育行政制度與組織的定義，繼之簡述各國教育行政制度，最後綜合歸納教育行政制度與組織的類型。

Unit 1-1
教育行政制度與組織的定義

圖解教育行政實務

一、教育行政制度的定義

教育行政制度是一國教育行政組織為執行相關教育政策，所發展出的特定共同信念與運作的行事準則。

二、教育行政組織的定義

教育行政組織是一國為實現其教育政策等特定目標，所設立的管理機構或體系。功能包括：計畫、領導、協調、執行與考核等。

三、組織與制度的關係

組織與制度實為一體兩面而無法分割。由於組織是由個人組成，完成特定目標的社會結構；而制度則是組成組織後，所發展出要求成員共同遵守的執行原則或章程。有部分學者認為體制（systems）就是結合組織與制度的總稱。因此，教育行政體制即包含教育行政組織體系與教育行政相關制度，一般常以教育行政制度一詞代稱教育行政體制。

四、教育行政組織的運作範圍

（一）廣義的教育行政組織運作範圍
1. 國會：制定相關教育法令。
2. 司法機關：解釋法令與判決相關教育案件。
3. 行政部門：協調與監督教育與其他部門之運作。
4. 教育行政主管機關：負責教育業務之規劃與執行。
5. 學校系統：各個層級與各種類型學校。

（二）狹義的教育行政組織運作範圍
包括教育行政主管機關與學校系統。

五、影響教育行政制度的因素

現代教育行政組織多為立法設立之政府體制，其設計受到外界大環境的影響自不可忽視，其運作的重要因素如下：

（一）文化傳統：各國歷史文化的差異
1. 美國立國後各州移民各自辦學之傳統，其教育行政制度因此趨向地方分權。
2. 英國基於社會傳統，二戰後即使極力推廣綜合中學之學制，但仍無法合併私人興辦的「公學」系統（public school）。

（二）政治體制：一國執政黨的政治理念
1. 美國資本主義vs.中國社會主義。
2. 英國工黨和保守黨對文法中學廢存看法之迥異。

（三）科技發展：如電腦、網絡之發展
1. 美國「國防教育法案」強力改革學校課程結構並加強科技教育。
2. 傳播科技的高度發展，網絡教育得以蓬勃發展與推廣。

（四）經濟因素：經濟發展之成長程度
1. 美國於二次大戰後，其經濟高度成長、國民所得增加，促使高等教育急速擴張。
2. 高國民所得國家如美國，可提供義務教育至18歲；大陸遲至1986年通過「義務教育法」，將其延長至9年。

（五）社會結構：有關社會結構的變數
1. 城鄉差距：都會地區由於人口自鄉村地區大量流入，導致學生人數暴增的問題。
2. 社會階級：社會階級制度明顯的國家，如印度、英國，所提供的教育服務也不同。
3. 人口結構：美國在二次世界大戰後產生的嬰兒潮，使得各級學校需求急速擴張。之後，少子化之趨勢卻嚴重影響學校教育之運作。

組織與制度的關係

組織
為實現特定目標的管理機構

+

制度
成員的共同信念與行事準則

→

體制
組織體系加上相關制度

教育行政組織運作範圍

廣義
國會
司法機關
行政部門
教育行政主管機關
學校系統

狹義
教育行政主管機關
學校系統

文化傳統
• 美國各州辦學
• 英國公學系統

科技發展
• 國防教育法案
• 傳播科技發展

影響教育行政制度因素

政治體制
• 資本主義 vs社會主義
• 工黨vs保守黨

經濟因素
• 經濟成長狀況
• 義務教育年限

社會結構
• 城鄉差距
• 社會階級
• 人口結構

Unit 1-2
臺灣的教育行政制度（Ｉ）

圖解教育行政實務

004

一、臺灣教育行政制度的起源

清光緒32年（1906）在各州縣成立「勸學所」，奠定「中央、省、縣」三級制教育行政制度。民國元年（1912）設中央教育機關為教育部，省為教育廳，縣市為勸學所，實行中央集權制。民國16年（1927）曾短暫實行源自法國的「大學區制」，惟因出現「行政學術化」之弊而遭廢止。民國17年（1928）仍改行三級制，並為民國38年（1949）臺灣教育行政制度沿用。直至民國87年（1998）採取「精省」政策後，才改為二級制。

二、臺灣的教育行政制度

臺灣採用中央集權式的「中央與地方縣市」教育行政二級制，實施後雖遭人批評會受到政治干預、過於僵化不能因地制宜等弊病，卻有其一定功效。中央集權式的體制在制定重大政策或決議時，易收事權統一之效。且各縣市財源不均，實施地方分權則不利於貧困地區之教育實施。中央集權式的制度可以透過中央權衡輕重之撥款補助，縮小城鄉差距。

臺灣教育行政組織可分為中央的教育部，與地方的教育局處。其中直轄市稱教育局；縣市則多半稱教育處，統籌辦理相關教育業務。

三、中央教育行政組織

臺灣中央的教育行政組織為教育部，依據「教育部組織法」相關法令，教育部設部長一人，為特任官與內閣閣員之一，負有綜理部務指揮監督所屬機關之責。此外有「政務次長」二人與「常務次長」一人，輔助部長處理部務，教育部之職權依據「教育基本法」第9條規定如下：

1. 教育制度之規劃設計。
2. 對地方教育事務之適法監督。

3. 執行全國性教育事務，並協調或協助各地方教育之發展。
4. 中央教育經費之分配與補助。
5. 設立並監督國立學校及其他教育機構。
6. 教育統計、評鑑與政策研究。
7. 促進教育事務之國際交流。
8. 依憲法規定對教育事業、教育工作者、少數民族及弱勢群體之教育事項，提供獎勵、扶助或促其發展。

前面所列舉以外之教育事項，除法律另有規定外，其權限歸屬地方。

四、臺灣中央教育行政機關的優點

1. 部長為內閣成員，在教育政策的推動與資源的爭取上具有相當影響力。
2. 補助地方教育經費，可縮短城鄉差距，以達到教育機會均等的理念。
3. 對地方行政首長執行的業務具有監督權，以減少各地方派系對教育之不當干預。
4. 監督私立學校的經營，降低學校發生問題時所產生之傷害。

五、臺灣中央教育行政機關的缺點

1. 部長為內閣成員，容易受到政黨之政策影響，導致政治嚴重干涉教育的弊病。
2. 缺乏審議機關與各界進行溝通協商，產生無法集思廣益、了解基層民情之弊。
3. 課程權力過大，課程標準與教科書皆需經其審訂，造成教學較無彈性且易助長升學主義。
4. 督學視導體系過小且定位模糊，視導活動過於制式，較難幫助被視導者之行政運作與教師之專業發展。

臺灣教育制度起源

1906年	• 光緒32年成立「勸學所」。 • 奠定「中央、省、縣」三級制教育行政制度。
1912年	• 民國元年設中央教育機關為教育部,省為教育廳,縣市為勸學所。
1927年	• 民國16年曾短暫實行「大學區制」。 • 因有「行政學術化」之弊而遭廢止。
1928-1997年	• 民國17年仍改行三級制。 • 國民政府遷臺後,臺灣教育行政制度沿用。
1998年	• 民國87年採取「精省」後,才改為中央與地方縣市二級制。

教育部的職權

1. 規劃設計教育制度
2. 監督地方教育事務
3. 執行協調教育事務
4. 分配補助教育經費
5. 設立監督國立學校
6. 教育統計評鑑研究
7. 教育事務國際交流
8. 扶助獎勵弱勢群體

中央教育行政機關優缺點

＋ 優點

1. 部長為內閣,具有影響力。
2. 補助地方教育,縮短城鄉差距,達成教育機會均等。
3. 監督地方教育,減少派系鬥爭。
4. 監督私校經營,避免學校退場後的風險。

－ 缺點

1. 部長為內閣,易為政治干預教育。
2. 缺乏審議機關,產生無法集思廣益,了解基層民情。
3. 課程權過大,造成教學無彈性與助長升學主義。
4. 督學視導體系定位模糊,難以有效協助教師發展。

Unit 1-3
臺灣的教育行政制度（Ⅱ）

圖解教育行政實務

006

六、教育部組織架構

依「教育基本法」與「教育部組織法」等相關條文，教育部設有專責司處，負責執行相關業務，依其性質分為七類，分述如下：

（一）**業務單位**

執行本機關職掌事項之單位，包括：

1. 綜合規劃司：掌管學校衛生資訊、原住民族及少數族群教育、流感防疫等事項。

2. 高等教育司：掌管國家講座與學術獎、大專教師資格審查、大專碩博士概況、高教技職簡訊等事項。

3. 技術及職業教育司：掌管高等教育創新轉型、技職教育資源、學士後第二專長學士學位學程等事項。

4. 終身教育司：掌管教育基金會、語文成果、家庭教育、樂齡學習等事項。

5. 國際及兩岸教育司：掌管兩岸事務、僑外生事務、海外留學、海外臺灣學校、華語教育、港澳文教等事項。

6. 師資培育及藝術教育司：掌管師資培育政策、師資檢定、教師證照管理、教師專業進修發展、藝術教育政策等事項。

7. 資訊及科技教育司：掌管偏鄉數位關懷、數位學習、網路及資通安全、人文及科技教育、環境及防災教育等事項。

8. 學生事務及特殊教育司：掌管防制校園霸凌與校安中心、特殊教育等事項。

（二）**輔助單位**

辦理秘書、總務、人事、主計、研考、資訊、法制、政風，以及公關等支援服務事項之單位，包括：1.秘書處；2.人事處；3.政風處；4.會計處；5.統計處；6.法制處。

（三）**機關**

就法定事務，有決定並表示國家意思於外部，而依組織法律或命令設立，行使公權力之組織，其中包括：

1. 國民及學前教育署：掌管高級中等以下學校與學前教育之一般教育、特殊教育、原住民及少數民族教育、校園安全與學校衛生等事項。

2. 體育署：掌管運動設施、運動產業、競技運動、國際運動交流等事項。

3. 青年發展署：掌管青年生涯發展和見習工讀、社會參與和志工服務、國際交流和體驗學習等事項。

（四）**三級機構**

機構係指本部依組織法規將其部分權限及職掌劃出，以達成其設立目的之組織。部屬三級機構包括：國家教育研究院、國家圖書館、國立教育廣播電臺等機構。

（五）**四級機構**

三級機構與四級機構之差別在於業務規模與任務編組。部屬四級機構為國立臺灣藝術教育館。

（六）**行政法人**

係指國家為執行特定的公共任務，依一定程序設立，而具有公法性質的法人。其中如行政法人有國家運動訓練中心。

（七）**常設性任務編組**

係指得明訂於各機關（構）處務規程，且明定人員由該機關（構）編制職務人員派充專責辦理，該職務不列入編制表。其中如「學校法人及其所屬私立學校教職員退休撫卹離職資遣儲金監理會」。

教育部組織架構

業務單位

綜合規劃司
高等教育司
技術及職業教育司
終身教育司
國際及兩岸教育司
師資培育及藝術教育司
資訊及科技教育司
學生事務及特殊教育司

三級機構

國家教育研究院
國家圖書館
國立海洋生物博物館
國立自然科學博物館
國立科學工藝博物館
國立臺灣科學教育館
國立教育廣播電臺
國立公共資訊圖書館
國立臺灣圖書館
國立海洋科技博物館

輔助單位

秘書處
人事處
政風處
會計處
統計處
法制處

四級機構

國立臺灣藝術教育館

行政法人

國家運動訓練中心

機關

國民及學前教育署
體育署
青年發展署

常設性任務編組

學校法人及其所屬私立學校教職
員退休撫卹離職資遣儲金監理會

Unit 1-4
臺灣的教育行政制度（III）

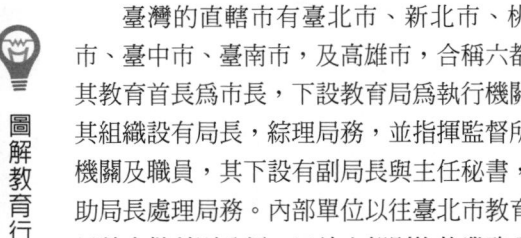

圖解教育行政實務

008

七、直轄市教育行政組織

　　臺灣的直轄市有臺北市、新北市、桃園市、臺中市、臺南市，及高雄市，合稱六都，其教育首長為市長，下設教育局為執行機關。其組織設有局長，綜理局務，並指揮監督所屬機關及職員，其下設有副局長與主任秘書，幫助局長處理局務。內部單位以往臺北市教育局以數字做科別分類，目前六都則均依業務內容作科別分類，茲以臺北市教育局為主例，輔以與其他五都之職掌做比較，分述如下：

1. 綜合企劃科：負責國際教育、教師專業發展、研究考核及其有關事項。
2. 中等教育科：負責本市高級中等學校及國中成績評量、校長遴選、課後學習輔導、學藝競賽、建教合作及其有關事項。
3. 國小教育科：負責國小班級數及教師員額數、學力檢測、補救教學、課後照顧、英語與本土語言教學、兒童深耕閱讀、實驗教育、兒少保護、教育儲蓄戶、安心就學及其有關事項。
4. 學前教育科：負責學前教育及其有關事項。
5. 特殊教育科：負責特殊教育、藝術才能班教育、藝術競賽及其有關事項。
6. 終身教育科：負責立案補習班、兒童課後照顧服務中心、社區大學、樂齡學習中心、教育基金會、語文競賽、成人教育、老人教育及其有關事項。
7. 體育及衛生保健科：負責掌理各級學校體育、衛生保健、環境教育及其有關事項。
8. 工程及財產科：負責掌理市立學校、社會教育機構等用地取得與財產管理事項及市立各級學校、社會教育機構營繕工程設計、規劃、發包、監造及其有關事項。
9. 資訊教育科：負責應用資訊科技於教學與學習、行政資訊化、資訊教育及其有關事項。
10. 軍訓室：負責督導高中職校全民國防教育及校園安全工作指導及其有關事項。
11. 督學室：掌理各級學校與本局所屬社會教育機構之指導考核、策進、參與教育評鑑及其有關事項。
12. 人事室：負責組織編制、年度預算員額編列、任免調遷、考績獎懲、差勤管理、出國進修、退休撫卹、福利待遇、本局暨所屬人事機構人事人員管理及其有關事項。
13. 會計室：負責本局歲計、會計及其有關事項。
14. 秘書室：負責本局採購、財產、物品及宿舍管理事項，公務車、工友及駕駛員管理、出納文書處理、檔案管理及其有關事項。
15. 政風室：負責公務機密維護、機關安全維護、預防貪瀆、貪瀆查處、法令宣導、政風訪查及其有關事項。
16. 統計室：負責教育統計及其有關事項。

　　前述各科為業務單位，各室則為輔助單位，已於前單元敘明。各地方依其需求，科室命名有所差異。其中如工程及財產科在新北市稱為工程及環境教育科；在桃園市稱為教育設施科；在臺中市稱作工程營繕科；在臺南市稱作永續校園科；在高雄市則納入體育及衛生保健科中。

	科別/直轄市	臺北市	新北市	桃園市	臺中市	臺南市	高雄市
直轄市（六都）教育行政組織架構（至2018年）							
業務單位	綜合企劃科	V					
	課程發展科					V	
	高中職教育科						V
	中等（國中）教育科	V	V	V	V		（V）
	國小教育科	V	V	V	V		V
	學前（幼兒）教育科	V	（V）	（V）	（V）		（V）
	特殊教育科	V	V	V	V		
	特幼教育科					V	
	終身教育（學習）科	V		（V）			
	社會教育科		V		V	V	V
	教育設施科			V			
	體育及衛生保健科	V		V	V		V
	工程及財產（營繕）科	V			（V）		
	工程及環境教育科		V				
	永續校園科					V	
	資訊（及國際）教育科	V		（V）			（V）
	學輔校安科			V		V	
	學生事務科		V				
	新住民文教輔導科		V				
	教育研究發展科		V				
輔助單位	秘書室	V	V	V	V	V	V
	督學室	V	V	V	V		
	人事室	V	V	V	V	V	V
	會計室	V	V	V	V	V	V
	政風室	V	V	V	V	V	V
	軍訓室	V			V		
機關	體育處		V		V	V	
	科學教育館					V	
	家庭教育中心		V	V	V	V	
任務編組	資訊教育中心					V	V
	學生輔導諮詢中心			V		V	V
	特殊輔導諮商中心					V	V
	國教輔導團			V			V
	國際教育資源中心						V
	創造力學習中心						V
	資優教育資源中心						V
	中輟個案管理中心						V

Unit 1-5
臺灣的教育行政制度（Ⅳ）

圖解教育行政實務

010

八、縣（市）教育行政組織

臺灣地方教育首長為縣（市）長，主管教育機關為教育處。精省之後，教育權限大為增加，尤其是在國中國小的人事權部分。縣（市）教育處設有處長一人，承縣（市）長之命，綜理局務，其下設有副處長，幫助處長處理處務。內部業務單位以往稱「課」，目前已與六都相同，皆稱「科」，業務量雖較少，但業務內容則大同小異，此不贅述。

綜觀臺灣地方教育，不論是直轄市或縣（市）教育處之組織與運作，其優點皆為事權集中，直轄市長或縣（市）長（以下稱首長）若有心於教育，可發展適合地方需要的政策。然實務運作上，其缺點也不可忽視，茲分述如下：

1. 教育處長同時面對教育部與首長兩位上級，然其職權大小端賴首長之喜好，有時受制過大，對教育部所下之指示卻往往因牴觸首長之意，而常有左右為難、無所適從之感。
2. 缺乏適切的課程權與經費權，在因地制宜的教育政策上，束縛過多而未能竟全功。
3. 正式審議機關功能不彰。各地方教育審議委員會往往徒具形式，極少集會。
4. 地方派系介入教育頗深，其中尤以校長遴選為甚，嚴重影響教育運作之超然性與獨立性。

九、中央與地方行政教育權限關係

就相關法令之規定而言，教育部在行政三權所擁有之權限較大，分述如下：

（一）人事權

1. 各級學校之設立與設備標準，由教育部訂之。
2. 遴聘國立各級學校校長，除大學選後報請

教育部核准外，其餘須遴選後報請聘任。
3. 各級公立學校依法採取任期制之行政人員，其任期限年由教育部制定。
4. 制定各級學校行政者與教師甄選、檢定或審定之規定。
5. 對於專科以上之私立學校，教育部依法有監督權。

（二）課程權

1. 規定應修業年限、學分數，以及必修及選修課程。
2. 制定高中以下各級學校課程標準或綱要。
3. 教育部有權編訂或審定中小學教科書。

（三）經費權

1. 負擔國立各級學校之經費。
2. 補助地方教育之經費。

十、臺灣教育行政制度運作之特色

1. 採行普通行政與教育行政合一的政策：臺灣教育行政組織並非獨立運作，而是附屬於一般行政體系之中。
2. 實施中央集權的教育行政制度：教育部擁有最大的人事權、課程權，以及經費權，形成中央集權的體制。
3. 採用首長制的行政制度：各級教育行政組織均設首長一人綜理業務，中央有教育部長，地方有教育局（處）長，其任命均有一定的程序。
4. 教育審議機構功用不彰：臺灣各級教育組織雖有依據「教育基本法」所設立之審議機構，但實際運作上缺乏實權，因此其建議並無強制性又缺乏民意參與，僅為聊備一格之形式，缺少實質意義。

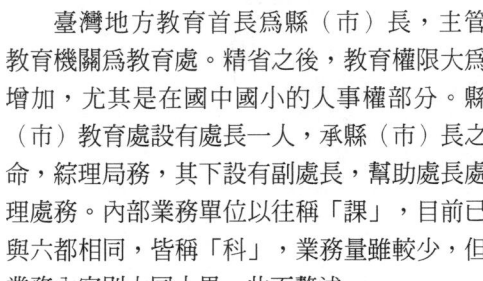

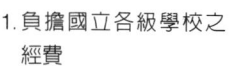

經費權
1. 負擔國立各級學校之經費
2. 補助地方教育之經費

課程權
1. 規定應修業年限
2. 制定學校課程標準或綱要
3. 編訂或審定中小學教科書

中央

人事權
1. 學校設立與設備標準
2. 遴聘國立各級學校校長
3. 公立學校行政人員
4. 制定教師甄選檢定等規定
5. 監督私立學校

011

臺灣教育行政組織簡圖

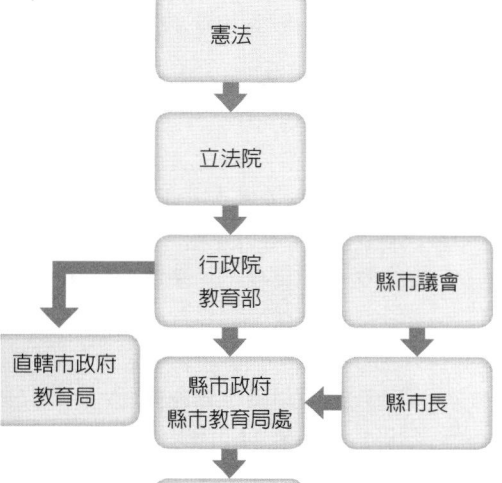

憲法

↓

立法院

↓

行政院教育部　　縣市議會

↓　　　　　　　　↓

直轄市政府教育局

縣市政府縣市教育局處　←　縣市長

↓

所轄學校

臺灣教育行政制度特色

普通行政與教育行政合一

中央集權的教育行政制度

首長制的教育行政制度

教育審議機構功用不彰

Unit 1-6
美國的教育行政制度

圖解教育行政實務

012

一、美國教育行政制度的起源

美國教育部之名，首見於1867年Andrew Johnson總統透過立法成立教育部，卻因各州害怕其職權過大干涉地方學校制度，而被迫降級為教育局。

1957年開始，由於蘇聯發射史波尼克衛星，在政治和社會的壓力下，導致聯邦教育經費應擴增的呼聲四起。1960至1970年由於Lyndon Johnson總統為全國貧困學童提倡「對抗貧窮戰爭」，促使教育經費權持續擴張。到了1979年，美國國會在卡特總統任內通過了教育部組織法，將「衛生教育福利部」中之數個聯邦教育機構合併，並於1980年正式成立聯邦教育部，惟其業務多在蒐集學校資訊與分析全國教育統計資料，並未擴增其權力。

近年來，聯邦教育部頻頻通過立法與撥款補助等方式，試圖影響地方教育，例如：在2002年提出的「無孩童落後法」規定接受補助之州政府，必須提出提升學生成就表現之策略與作法，這就是聯邦教育部基於提升全國教育績效之理念所通過的法案，試圖解決因過度地方分權所造成的良莠不齊之弊病。除了課程之控制外，中央政府亦逐漸透過教育經費分配權促使各州主動配合政策推行，否則即得面臨補助款限縮之窘境。

二、美國的教育行政制度

美國屬於地方分權式的「聯邦、州及地方學區」教育行政三級制。聯邦設教育部，為中央負責教育行政之機關；州設有教育委員會與教育廳；地方學區則設有地方學區教育委員會與教育局。以下簡述州與地方之教育行政組織。

三、州的教育行政組織

美國各州的教育決策與執行權分屬於下列三者，茲分述如下：

1. 州議會：州議員由人民選舉產生，經由立法程序，規劃決定教育制度與運作。具有州內教育主導權，但因事務繁忙，推行政策則須由州教育委員會加以代勞。

2. 州教育委員會：秉承州議會之立法規定，以形塑州的基本教育政策。委員產生方式有由州民選舉、州長任命，以及州政府官員兼任，採取合議制，主要監管中小學之相關業務。

3. 州教育廳：州教育委員會政策的主要執行者，各類教育政策均需由教育廳人員擬定初步計畫，再送交州教育委員會審議。

四、地方學區的教育行政組織

地方學區為美國教育的基本單位，其運作與普通行政分開，有獨立權限，地方學區劃分各州差異頗大，有些與普通行政區域一致，有些則獨立劃分。茲分述如下：

1. 地方教育委員會：其職權大小由各州法律定之，委員產生方式有居民選舉和地方派任兩種，以前者占絕大多數。其職權主要為：(1)徵稅以支付教育經費；(2)設立與管理區內中小學；(3)代表學區與教職員專業團體或工會談判。

2. 地方教育局：秉承地方教育委員會政策，

以實際負責學校管理之單位。設有局長一人，並視學區大小需求增設副局長、助理局長等職位，除少數州由人民直選外，多由地方教育委員會遴聘產生。局長背景多為擔任教師一定年限後具有校長經歷者。

美國教育行政制度起源

1867年	1957年	1960－1970年	1979年	1980年
Andrew Johnson立法成立教育部，此為其教育部之名的肇始。	• 蘇聯發射人造衛星震驚美國 • 聯邦教育部因應政治與社會壓力擴增職權	Lyndon Johnson總統的對抗貧窮戰爭，導致聯邦教育經費權更加擴增，持續到1970年。	• 通過教育部組織法 • 將原隸屬於衛生福利教育部下的數個教育機構合併	成立聯邦教育部（簡稱ED），功能在於蒐集與分析全國教育統計資料，惟其職權有限

美國教育行政組織簡圖

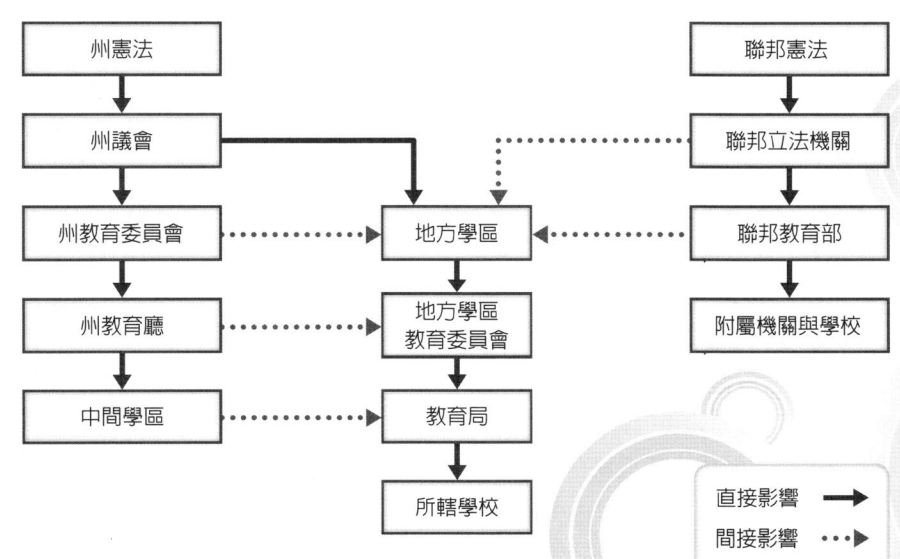

直接影響 ➡
間接影響 ┄➤

Unit 1-7
英國的教育行政制度

圖解教育行政實務

014

一、英國教育行政制度的起源

英國的學校在聖奧古斯丁於西元597年抵達英格蘭前尚未存在，其後由於為了教導拉丁文與唱聖詩成立了學校，亦成為英國教育之起源。在1800年以前，英國的教育工作屬於教會與私人所專營，因此尚無教育行政機關之設置，直至1839年樞密院設置教育委員會以督導補助教育事務，乃成為中央教育行政機關之濫觴。

由於工黨與保守黨兩政黨輪替影響，以及因應時代之需求，導致英國的教育行政制度更迭極為劇烈，此從各級教育行政機關名稱之變化可見。從1839至1899年的樞密院教育委員會，於1859年下設教育部門，歷經1899至1944年的教育委員會；1944至1964年的教育部；1964至1992年的教育科學部；1992至1995年的教育部；1995至2001年的教育與就業部；2001至2007年的教育與技能部；2007至2011年的兒童、學校及家庭部，以至於2011年迄今的教育部。

此外，英國是採取君主立憲國家，國王為虛位元首，行政大權操於國務院與內閣之手，國會掌握制定法令與通過預算之權力，在在影響英國的教育行政制度。

二、英國的教育行政制度

英國屬於地方分權式的「中央與地方當局」教育行政二級制，中央依據國會所賦予之權責設置教育部，為中央負責教育行政之機關；地方當局以地方議會為主，下設有教育委員會與教育局。雖然亦偏地方分權，但比起美國，中央權限明顯較大，以下簡述中央與地方之教育行政組織。

三、中央的教育行政組織

英國中央層級的教育行政組織可分為教育部（名稱歷年有所不同）與「非政府部門公共機構」，茲分述如下：

1. 教育部：主要掌管之教育業務為：(1)監督地方行政部門執行國家教育政策；(2)審核地方行政部門之重大教育計畫；(3)管理私立學校；(4)擔任仲裁機關；(5)制定學校建築設備、教師薪津標準等相關事宜。

2. 非政府部門公共機構：接受政府經費補助與指定首長，以執行當時訂定之行政任務。代表性組織計有：(1)英格蘭高等教育撥款委員會；(2)國家學校領導學院；(3)學校師資發展局。

四、地方的教育行政組織

英國地方教育行政機關（LEA）之代表為縣市議會，其下設教育委員會與教育局。自2000年地方政府法公布後，地方教育行政機關（LEA）多被稱作地方當局（LA）。地方之相關教育行政機關，茲分述如下：

1. 縣市議會：英國地方的政府採取一元制，立法與行政機關合一，因此議會既是民意機關，亦為行政機關。縣市議會只是總稱，其包括郡、區，以及市均設有議會。

2. 教育委員會：成員多半來自縣市議會，具有議員身分，與美國相仿，議員事務繁雜，其下遴聘教育局長執行既定政策。

3. 教育局：教育局首長爲教育專業人士，少數曾擔任過校長或皇家督學，直接對教育委員會負責，並執行教育委員會之政策。

4. 學校管理委員會：依照1988年通過的教育改革法案，其職權爲管理學校之行政事務，主要是由校長執行。值得一提的是，爲落實校本位管理之理想，LEA之權限漸漸轉移給個別學校之學校管理委員會。

英國教育行政制度起源

1800年以前	1839–1859年	1859–1899年	1899–1944年	1944–1964年	1964–2018年
教育屬於教會與私人專營，尚無教育行政機關之設置	樞密院教育委員會的設置為中央教育行政機關之濫觴	樞密院教育委員會下設教育部門處理教育相關事務	設置教育委員會	設置教育部	中央教育行政機關名稱或因政黨輪替與時代需求而異名頻繁

英國教育行政組織簡圖

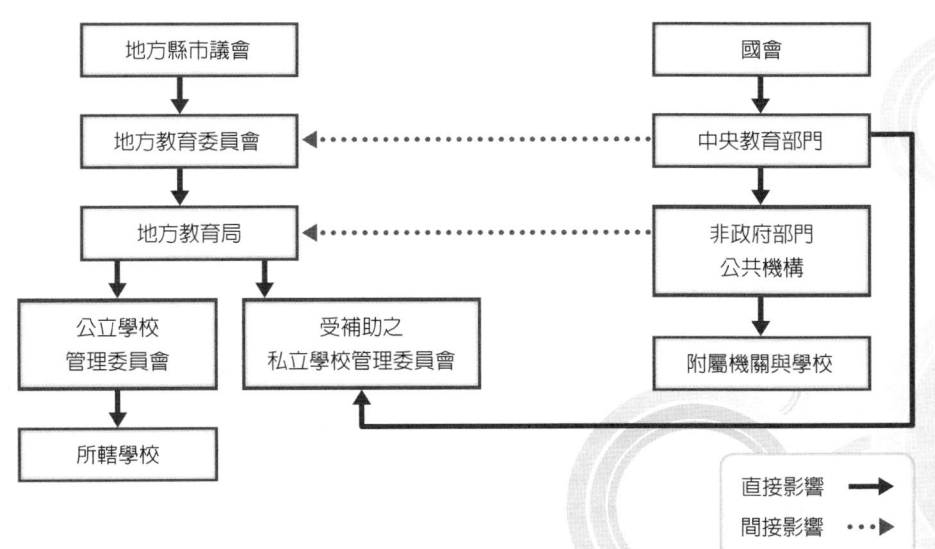

直接影響 ⟶
間接影響 ⋯▶

Unit 1-8
法國的教育行政制度

圖解教育行政實務

016

一、法國教育行政制度的起源

法國在1804年拿破崙稱帝之前，教育與英國如出一轍，均多由教會或私人辦理及管理，並未設置教育行政機關，直至1808年拿破崙為鞏固帝國的基礎，創設法蘭西帝國大學後，將其視為兼領教育行政之機關。拿破崙並在「大學院組織令」規定帝國境內的公共教育完全委由帝國大學總其責。如此一來，確立法蘭西帝國大學為高教機關與全國最高教育行政機關之地位。大學區設教育總長一人綜理全責。

1842年查理十世執政後，總長一職被改稱為教育事務及公共教育部長，成為一獨立行政單位。1932年，德盟吉部長將公共教育及美術部改稱國家教育部。

1968年因應學生要求大學自治訴求，國會於1974年制定高等教育法，將教育部的高等教育相關單位劃出成立大學區，與教育部並行，首長稱為大學區總長，國家教育部亦改稱教育部。

1981年密特朗總統精簡行政組織，將大學部併入教育部，此時，中央教育行政機關確定改稱為國家教育部。後於1997年曾更名為國家教育研究與技術部，其後名稱常有更迭。直到2007年，將原本國家教育、高等教育暨研究部分設為國家教育部與高等教育暨研究部。

二、法國的教育行政制度

法國屬於中央集權式的「中央、大學區與省之大學區督學處」教育行政三級制，中央秉承第五共和憲法之權限，總統可以解散國會，影響頗大。國會對中央教育行政機關的國家教育部有法案與預算審核權，惟必要時總統得解

散國會，權力極大。影響所及，法國教育部長由內閣總理提名報請總統任命，惟須經過國務會議同意。法國屬於部分普通行政與教育行政分立的國家，其中央權力極大，以下分述之。

三、中央的教育行政組織

法國中央層級的教育行政組織可分為國家教育部與高等教育暨研究部，下設總督學部門、業務單位，與獨立及附屬機關，分述如下：

1. 國家教育部：主要權限為：(1)設立並管理各級國立學校；(2)籌措與分配所屬公立學校教育經費；(3)制定中小學課程標準；(4)輔導私立學校；(5)視導學校與教育行政機關。
2. 總督學部門：主要權限為：(1)進行教育相關業務調查；(2)培訓教育人員；(3)研擬全國性視導方案；(4)進行各項評鑑。
3. 業務單位：設初、中等教育司；高等教育司；研究創新司，以及秘書處。主要權限與本國教育部下轄各司約略相同。
4. 獨立及附屬機關：有教育最高審議會、全國評鑑委員會、網際網路使用代表會等。

四、地方的教育行政組織

法國地方層級的教育行政組織可分為大學區、省與市鎮層級，其中大學區兼屬中央與地方，可算是第二層級的教育行政組織，分述如下：

1. 大學區：大學區雖隸屬中央層級，但其實是全國教育之地方行政分區，總長是教育部長的地方代言人，主要權限為：(1)任免

區內小學教師；(2)仲裁糾紛；(3)監管區內各級學校；(4)協調區內各級學校關係。

2. 省：主要權限為：(1)負責中學分發工作；(2)向大學區總長提供小學人事任用建議；(3)視導轄區內各類小學；(4)執行強迫入學規定；(5)設有各種審議機構。

3. 市鎮：執行省教育督學的建議。

法國教育行政制度起源

1804年前
教育屬於教會與私人專營，尚無教育行政機關之設置，與英國相似

1808年
拿破崙創設法蘭西帝國大學，設教育總長兼領國家最高教育行政機關

1842年
總長改稱教育事務及公共教育部長，成為一獨立行政單位

1974年
制定高等教育法，將教育部高等教育相關單位劃出成立大學區，設置總長

1981年
精簡教育行政組織，將大學部併入教育部，確定中央教育行政機關為教育部

1997年後
國家教育部更名國家教育研究與技術部，其後名稱時有更迭

法國教育行政組織簡圖

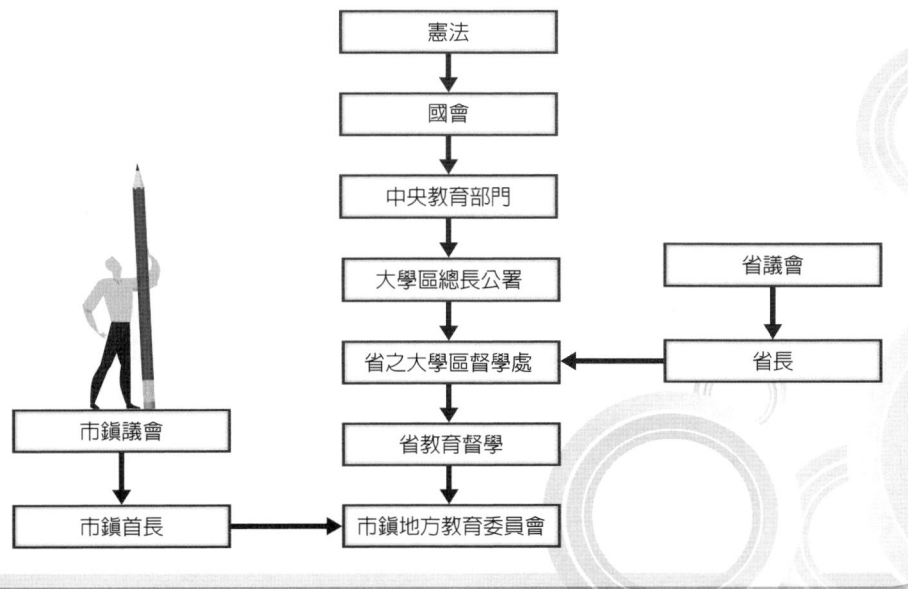

Unit 1-9
德國的教育行政制度

圖解教育行政實務

一、德國教育行政制度的起源

德國自古至1871年普魯士王國統一日耳曼地區前,皆盛行分立主義,大部分地區仍然以邦統籌所有事務,並未出現中央教育行政機關。

1934年希特勒為了鞏固納粹德國的集權統治,成立「國家科學、教育暨民眾教育部」,成為第一個中央教育行政機關。

1949年德國處於分裂狀態時,由時稱德意志聯邦共和國的西德實施之憲法稱作「聯邦基本法」,教育行政權為各邦所有,聯邦政府並無任何教育行政權力。

直至1969年修正「聯邦基本法」,設立「聯邦教育與科學部」(BMBW)掌理增訂的聯邦教育事務,才賦予聯邦政府部分的教育權限,此時屬於合作式聯邦主義時期。

1994年聯邦教育科學部與於1972年設立的「聯邦研究與科技部」(BMFT)合併,更名為「聯邦教育與研究部」(BMBF),至今仍為德國聯邦的最高教育行政機關。

二、德國的教育行政制度

德國屬於「聯邦分權,邦集權」的制度,中央秉國會之權責設置教育與研究部,其權力有限。各邦均訂定邦憲法。1990年東西德統一後,德國仍適用西德的基本法及其他法規,故現在德國仍屬於聯邦制,教育權仍集中於各邦。中央設有聯邦教育與研究部,地方則為邦、行政專區、縣市與鄉鎮層級。以下簡述中央與地方之教育行政組織。

三、中央的教育行政組織

德國中央層級的教育行政組織可分為聯邦教育與研究部、各邦教育部長會議、聯邦與邦教育委員會,以及大學校長會議,分述如下:

1. 教育與研究部:主要權責為:(1)制定高等教育發展準則;(2)協調並補助與各邦之間的科學研究計畫;(3)監督各邦之職業教育與訓練事宜。
2. 各邦教育部長會議:主要任務為:(1)促進各邦間教育交流溝通;(2)簽訂協調各邦教育政策之協定,避免各自為政,政策扞格。
3. 聯邦與邦教育委員會:主要任務為協調聯邦與各邦之間的教育事務。
4. 大學校長會議:主要負責對大學的長期發展提出建言,性質亦為諮詢協調功能,各邦仍保有一定之教育事務權力。

四、地方的教育行政組織

邦為德國教育行政最重要的層級,與美國的州一樣,邦以下的地方層級教育權力甚為有限。面積較大的邦設有行政專區;面積較小的邦設有縣市與鄉鎮兩級,分述如下:

1. 邦文教部:主要職權為:(1)制定邦教育政策與管理邦立學校;(2)各級學校行政人員與教師的審核與任免權;(3)教育經費補助;(4)課程與教科書審定權;(5)教師資格考試與在職進修教育。
2. 行政專區:主要權限為:(1)視導區內中小學;(2)蒐集教育資訊及問題轉呈邦政府;(3)負責教師相關事務。
3. 縣市與鄉鎮:主要職權為:(1)對所轄學校進行行政監督;(2)初步審定教師遴選與任用;(3)設立並視導學校。

德國教育行政制度起源

1871年以前	1934年	1949年	1969年	1994年
無正式的中央教育行政機關	希特勒成立國家科學、教育暨民眾教育部，成為第一個中央教育行政機關	西德實施聯邦基本法，惟中央權力有限	修正聯邦基本法，設立聯邦教育與科學部	聯邦教育科學部與聯邦研究與科技部合併為聯邦教育與研究部

德國教育行政組織簡圖

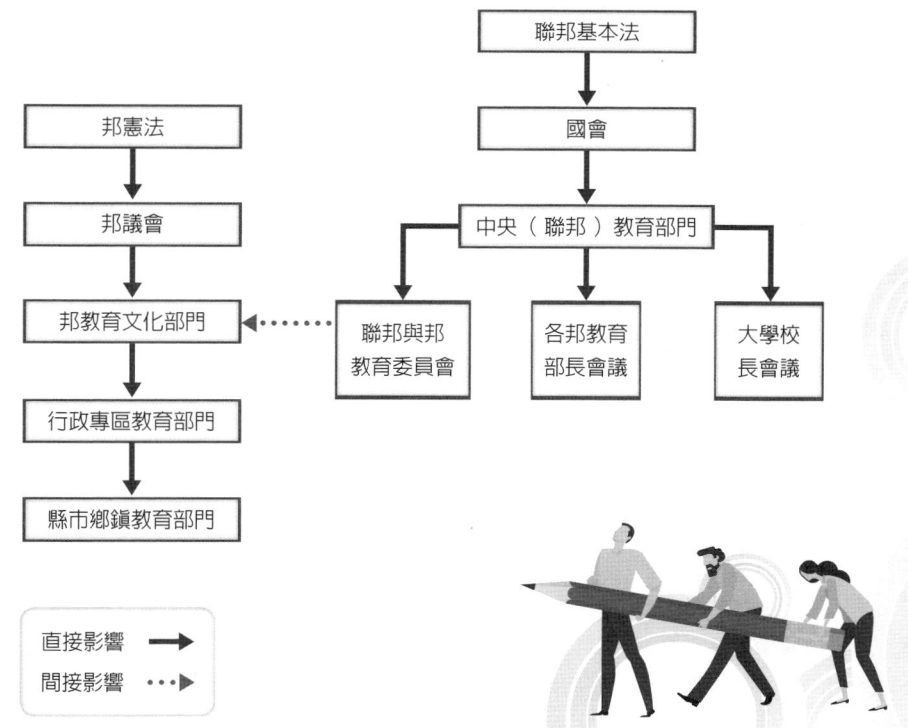

Unit 1-10
中國大陸的教育行政制度

圖解教育行政實務

020

一、大陸教育行政制度的發展

中國大陸教育行政發展歷程，大致可以分為四個階段：

1. 試驗階段：中共於1949年在大陸地區建國，即進行各種學制改革，並以馬克思主義作為教育最高指導方針。
2. 文革時期：從1966至1976年，此時期的教育政策因歷經大躍進、文化大革命等運動，因為政治動盪造成教育政策搖擺不定。
3. 重建時期：直到1985年發布「中共中央關於教育體制改革的決定」，改教育部為國家教育委員會，才確定近年來教育改革的綱領。
4. 改革時期：1978年後，陸續制定學位條例、義務教育法、教師法、教育法、教師資格條例，以及高等教育法等多項教育行政法規，對於促進各級各類教育發展有正向作用。1998年為有效管理教育事業，將國家教育委員會更回原名稱教育部，以執行國務院之教育改革計畫。

二、大陸的教育行政制度

大陸以黨治國，屬於中央集權式的「中央與地方」教育行政二級制。所有政策由共產黨決策後，付諸全國人民代表大會與國務院法令化。國務院為國家最高權力機構，而教育部為其中機構之一。地方層級又分為三級，分別是省（含自治區、直轄市、特別行政區）、縣市（區、州、盟），以及鄉鎮。現階段義務基礎教育以地方政府為主，高等教育則以中央、省（含自治區、直轄市、特別行政區）兩級政府為主。

三、中央的教育行政組織

中國中央層級的教育行政組織為教育部，並依據「中華人民共和國教育法」第15條規定，教育部主管全國教育工作，設有辦公廳、各司、局級單位，以及直屬單位如下：

1. 教育部：主要權限為：(1)擬定教育相關政策與法案；(2)規劃發展教育改革與發展教育事業；(3)統籌管理教育經費；(4)規定學校設置標準與審定統編教材；(5)統籌管理各層級教育；(6)統籌指導少數民族教育工作；(7)主管全國教師工作；(8)統籌管理高等學歷教育招生考試。
2. 業務單位：下轄特定數目的司、局單位（2018年有19個），主要職責為執行教育部工作，較為特別者如思想政治工作司、民族教育司、教師工作司、高校學生司、語言文字信息管理司。
3. 直屬單位：包括：教育部教育發展研究中心、國家教育行政學院、教育部對外漢語教學發展中心等。

四、地方的教育行政組織

地方層級的教育行政組織大致可分為省（含自治區、直轄市、特別行政區）教育委員會、縣市（區、州、盟）教育委員會，以及鄉鎮教育委員會，分述如下：

1. 省教育委員會或教育廳：主要之權責為管理區域內省屬各級學校，並執行中央的教育政策。
2. 縣市教育委員會：主要之權責為管理縣市屬各級學校與視導所轄鄉鎮之教育工作。

3. 鄉鎮教育委員會：主要之權責爲負責轄區內之教育工作。

此外，大陸實施政府與民間組織共同辦學體制，民間企業及組織廣泛參與辦學，使得聯合辦學成爲其特色。

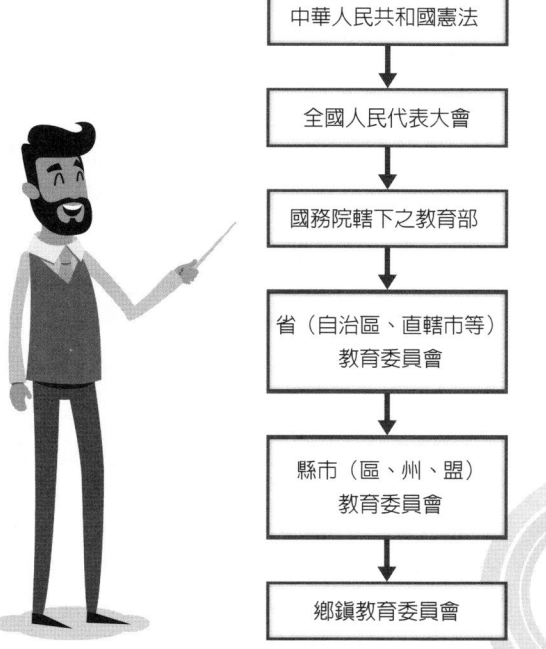

中國大陸教育行政制度發展

1949年	1966–1976年	1985年	1978年	1998年
中共建國，推行各項教育改革，以馬克思主義爲指導原則	歷經文化大革命等政治活動，政治動盪影響教育政策	改教育部爲國家教育委員會，確定其近年來教育改革綱領	制定多項主要教育行政法規，促進各級各類教育發展	將國家教育委員會更名回教育部，以執行國務院教育政策

中國大陸教育行政組織簡圖

中華人民共和國憲法

↓

全國人民代表大會

↓

國務院轄下之教育部

↓

省（自治區、直轄市等）教育委員會

↓

縣市（區、州、盟）教育委員會

↓

鄉鎮教育委員會

Unit 1-11
教育行政制度與組織的類型（Ⅰ）

一、教育行政組織的三層面

　　各國的教育行政制度與組織，以權力運作及分配的觀點而言，其牽涉到的層面包括：1.中央集權vs.地方分權；2.首長制vs.委員制；3.普通與教育行政合一vs.普通與教育行政分離。

二、中央集權的特色

　　中央集權型其權力分配為從上而下的垂直控制，中央具有絕對主導權，地方居於聽命的地位。此以教育行政最主要的三種權力分述如下：

1. 人事權：中央具有控制人事任命與派免之權限。
　　例：對各級學校之學校行政人員與教師的資格與遴聘程序，均依法具有審核權。
2. 課程權：重大的課程與教學政策多由中央主導。
　　例：對於初等與中等學校的課程標準、教學科目、教科書之審核等，皆有一定之監督權力。
3. 經費權：教育經費多仰賴中央直接支付，或是間接補助。
　　例：教育部負擔大部分公立學校教育經費，並視情況對地方教育局處加以補助。

三、中央集權的優點

1. 掌有政策制定權，使各地發展步調齊一，不致有多頭馬車狀況產生。
2. 掌有資源經費權，可直接補助貧困地區，減低教育城鄉落差等現象。
3. 掌有人事派任權，使人才適當分配各地，不致造成各自為政之現象。
4. 權力集中於中央，政策執行明快有效率，減少地方政治派系之衝突。

四、中央集權的缺點

1. 政權或有更迭，致政策變動而無所適從。
2. 體制缺乏彈性，難依其需求而因地制宜。
3. 地方機關服從，易造成依賴而發展停頓。
4. 地方政府抵制，常產生衝突而成效難彰。

五、地方分權的特色

　　地方分權型其權力分配為平行協調方式，中央與地方並無絕對從屬關係。茲就其教育行政三權分述如下：

1. 人事權：操控於地方，各地依其需要訂定標準聘任教育人員。
　　例：美、英、德國聯邦對於決定或審核各級學校人事皆無直接權限。
2. 課程權：中央僅藉專案補助方式間接影響地方，無統一之課程標準。
　　例：德國各邦教育部擁有規劃課程標準與審核教科書的權力。
3. 經費權：教育經費多由地方自籌，甚至可以透過立法程序直接向人民徵稅。
　　例：英國除了大學由中央部門大學委員會獲得經費外，中小學多靠LA的撥款維持。

六、地方分權的優點

1. 政權更迭，不影響長期教育之規劃。
2. 體制彈性，能實施因地制宜之政策。
3. 經費自籌，可培養獨立發展之效能。

七、地方分權的缺點

1. 地方經費自籌，易造成貧困地區教育資源分配不均。
2. 地方各自為政，易導致整體教育資源分配不夠經濟。
3. 中央缺乏權限，易造成地方各方勢力干預而使教育成效不彰。

中央集權型與地方分權型之教育行政三權比較表

中央集權型		地方分權型
中央具有控制人事任命與派免之權限	**人事權**	地方可依其需要制定標準聘任人員
重大課程與教學政策均由中央主導，無法因地制宜	**課程權**	中央僅藉由專案補助方式間接影響地方，但卻無統一標準
經費均由中央支付或補助，地方無徵稅之權利	**經費權**	經費由地方籌措，甚至可透過立法程序向人民徵稅

中央集權型之優缺點

 優點

1. 掌有政策制定權，使各地發展步調齊一，不致有多頭馬車狀況產生。
2. 掌有資源經費權，可直接補助貧困地區，減低教育城鄉落差等現象。
3. 掌有人事派任權，使人才適當分配各地，不致造成各自為政之現象。
4. 權力集中於中央，政策執行明快有效率，減少地方政治派系之衝突。

缺點

1. 政權或有更迭，致政策變動而無所適從。
2. 體制缺乏彈性，難依其需求而因地制宜。
3. 地方機關服從，易造成依賴而發展停頓。
4. 地方政府抵制，常產生衝突而成效難彰。

地方分權型之優缺點

 優點

1. 政權更迭，不影響長期教育之規劃。
2. 體制彈性，能實施因地制宜之政策。
3. 經費自籌，可培養獨立發展之效能。

 缺點

1. 地方經費自籌，易造成貧困地區教育資源分配不均。
2. 地方各自為政，易導致整體教育資源分配不夠經濟。
3. 中央缺乏權限，易造成地方各方勢力糾纏而成效不彰。

Unit 1-12
教育行政制度與組織的類型（Ⅱ）

圖解教育行政實務

八、首長制的特色

1. 首長制的定義：教育行政長官皆為各級組織的首長，由政府依法任命，執行並負責教育事務之相關任務。
2. 首長制的實例：以臺灣為例，中央教育部置部長；直轄市置教育局長；縣教育局處則置局處長，採取事權統一形式。
3. 採行首長制的國家：臺灣、法國、中國大陸，以及德國。

九、首長制的優點

1. 事權較能統一：只需依照國家所定之教育方針執行即可，無須等待委員會曠日廢時的爭辯與形成共識。
2. 專業性較高：教育首長及幕僚多為教育專業人士，其在決策與執行業務上，有一定之能力。
3. 降低利益團體的影響：降低委員因由民選首長任命，或對其開出政治支票之利益團體等的影響。

十、首長制的缺點

1. 易造成獨裁與主觀的現象：在審議制度機關功能不彰之國家，容易發生首長以其一己好惡所形成的獨裁現象。
2. 人民參與機會較低：首長決策，民情表達管道較窄，或言者諄諄，聽者藐藐，造成人民日益不關心教育事業。

十一、委員制的特色

1. 委員制的定義：將教育行政權限賦予具有特定職權的委員會，採取集體決策的形式，委員由人民選舉，或由民選首長指派，形式相當多元。
2. 委員制的實例：以英國為例，中央教育部門權力有限，實際權力落在各地議會所設置的教育委員會手中。委員具有議員身分，共同擬定教育決策，下設教育局長僅秉持委員會之決策而執行業務。
3. 採行委員制的國家：英國與美國為主。

十二、委員制的優點

1. 較能代表與反映民意：各教育委員會成員或由人民直接選舉，或民選首長任命之，較能反映民意與及時進行改革。
2. 不易發生獨裁之現象：委員制之決策方式多經由民主程序，個人不易操縱，雖然其決定不乏妥協色彩，但也避免了少數人獨裁的弊病。

十三、委員制的缺點

1. 事權不統一，執行較費時：委員制教育執行機關，必須上承各委員會的決策，事權較不統一，往往因委員集會不易或爭辯費時，而無法及時行動。
2. 利益團體影響較大：委員會委員多經選舉而來，多少帶點利益色彩，形成特殊利益團體勢力足以掌控權局，使個人或團體利益受損。
3. 專業性較低：委員來自四面八方，不見得皆具有教育專業知識，但其位高權重，對教育專業人士的意見有時刻意忽視而不予尊重。

首長制與委員制的優缺點

1.事權較能統一
2.專業性較高
3.降低利益團體的影響

優點

1.較能代表與反映民意
2.不易發生獨裁之現象

V.S.

首長制

委員制

1.易造成獨裁與主觀的現象
2.人民參與機會較低

缺點

1.事權不統一，執行較費時
2.利益團體影響較大
3.專業性較低

第一章 教育行政制度與組織

025

Unit **1-13**
教育行政制度與組織的類型（Ⅲ）

十四、普通與教育行政合一的特色

1. 普教合一的定義：教育行政體系隸屬於普通行政體系中，其首長也由普通行政領導人聘請、派任。
2. 普教合一的實例：臺灣的中央政府之教育部為行政院隸屬單位，其下之直轄市與縣市教育局處也是地方政府的一部分。
3. 採行普教合一的國家：臺灣、中國大陸、英國、德國。

十五、普通與教育行政合一的優點

1. 在國家教育政策之執行與事權統一方面較佳。
2. 教育與其他部門同屬於普通行政，彼此較能互相配合與相輔相成。

026

十六、普通與教育行政合一的缺點

1. 教育行政體系不獨立，易使普通行政干涉其業務之執行。
2. 教育人事與普通行政人事合一，常受一般行政制度所限，未能延聘專業性高之人士參與，故在教育改革之腳步上囿於體制而趨於保守。

十七、普通與教育行政分離的特色

1. 普教分離的定義：教育行政體系獨立的國家，其運作通常與普通行政分開。
2. 普教分離的實例：美國與法國大學區的劃分，往往與普通行政區域不同，有時一個區內有幾個學區，有時卻需要結合數個區才能形成一個學區，彼此並不相同。
3. 採行普教分離的國家：美國與法國。

十八、普通與教育行政分離的優點

1. 教育行政體系獨立運作，可依各地教育之需求迅速行動，無須透過普通行政體系之繁複認可，改革腳步較快。
2. 教育行政體系獨立運作，使政治干預力量減少。較能延攬專業人士有效解決教育問題。

十九、普通與教育行政分離的缺點

1. 普教分離易造成各自為政、彼此排斥的現象。且易因溝通不良而造成糾紛。
2. 普教分離在資源利用上較不經濟。不但要多設委員會或機關，且彼此任務時有重疊，浪費資源。

二十、教育行政制度與組織發展趨勢

（一）審議制度與機關的加強

1. 審議機關的主要功能在提供諮詢意見與相關資訊，使決策者能更加客觀。
2. 綜觀近年來各國在審議制度與機關的加強上，有如下趨勢：
   ⑴審議機關成員代表性逐漸增加。
   ⑵審議機關的設立頗具彈性。
   ⑶審議機關多為教育改革計畫的先行制定者。

（二）中央與地方的教育行政權力趨向均衡

1. 近年來，傳統中央集權的國家開始將部分權力下放地方。例如：法國的大學區總長擁有更多協調與仲裁各大學間糾紛的權力。
2. 地方分權的國家則以各種方式增加中央的影響力。例如：美國聯邦教育部門近年來試圖以撥款補助方式影響地方。

（三）重視與設立教育研究專責機構

1. 研究教育主要領域的相關課題，並定期出版論文刊物。

2. 蒐集相關教育之資訊，建立資料中心與圖書館，供研究者使用。

3. 提供各級學校諮詢服務，必要時可派專人給予其輔導與協助。

普教合一 V.S. 普教分離

優點	普教合一	缺點
1. 有利教育政策之執行與事權統一 2. 教育與一般行政較能彼此配合		1. 一般行政易干涉教育行政業務執行 2. 教育與一般行政人事合一，常受一般行政制度所限

優點	普教分離	缺點
1. 執行力與改革步調較快 2. 使政治干預力量減少		1. 易造成各自為政、溝通不良、彼此排斥的現象 2. 普教分離在資源利用上或有重疊，較不經濟

中央與地方的教育行政權力趨向均衡

教育行政發展趨勢

審議制度與機關的加強

重視與設立教育研究的專責機構

第 2 章

學制與分流設計

　　國家為執行教育政策與方針，除了建立教育行政制度與組織統一監管教育事業之執行外，尚需規劃各種學校制度，以實踐不同層次的教育。一般而言，學校制度系統包括學前教育、初等教育、中等教育、高等教育、特殊教育、師範教育、職業教育、社會教育，以及成人教育等。彼此間或有重疊，但皆有其特定體制。

　　本章先簡述影響學校制度設計的因素與分流類型，繼之論述各國的學制與分流設計，並涉及分流的機構、時機，以及爭議；最後再綜合歸納學制發展的趨勢。

Unit 2-1
影響學制設計的因素

一、教育制度的定義

教育制度緣起於啓蒙儀式（initiation），主要是部落為傳遞文化所透過的方式，以達成經驗傳承並延續種族綿延之目的。教育制度即為實現教育目的所設立之組織系統。可分為兩種，茲分述如下：

1. 常態性教育制度：依據日常生活經驗逐漸形成的內在主觀性規範以傳承文化。
2. 法制性教育制度：依據人類社會發展所必須建構外在客觀性法律以維繫公平正義。

二、學校制度的定義

學校制度，又稱為學校教育系統，簡稱學制，係指一國以教育政策與分針為基準，透過立法的程序，組織個別學校，使其發展出一套共同遵守的體系，以達成教育的目標。學校制度屬於教育制度的一種，而我們今日的學制，在西方學制，或稱歐美學制的影響下，逐漸發展成今天在地化的學制。

三、影響學制設計的因素

原則上，學制設計者必須考慮的因素有五個，分述如下：

（一）政治思潮

1. 教育事業的經營，歷來皆受到政治運作的影響，學校制度亦不例外。
2. 例子：臺灣在政治民主思潮衝擊下，選擇「常態編班」的立場，雖遭部分教師批評「上智者太簡單，下智者聽不懂」的打混仗教法，但在政治考量下仍加以維持。

（二）經濟效益

1. 國家預算有限，而需求者眾，因此「錢是否花在刀口上」也成為教育事業執行廣受關注之焦點。教育的經濟效益可分為金錢效益與非金錢效益。

(1) 金錢效益：個人未來所得之增加；國家生產力之提升。
(2) 非金錢效益：公民素養的提高；文化生活的促進。

2. 例子：臺灣社會近年質疑高等教育所培養的畢業生是否切合社會所需，導致大學必須思考不同科系存續與否之必要。

（三）經費分擔

1. 探討經濟效益即須考量經費分擔之方式，及其是否符合公平正義原則。
2. 例子：臺灣私立大學學費較高，但就讀者多為家境較差者；公立大學就讀者則多為家長或家庭社經地位較高者。且公立大學之經費幾乎都由政府負擔，此舉牽涉社會階級複製與公平正義之課題。

（四）適性學習

1. 臺灣已邁入十二年國民基本教育，如何讓上智下愚者皆能達到最大的學習成果，適性學習，已成為設計學制者最大挑戰。
2. 例子：十二年國民基本教育之理念強調適性揚才與適性學習的重要性。為此，教育部推動差異化教學與有效教學，意圖藉由因材施教而達到「拔尖補底」效果，即為適性學習之考量。

（五）社會價值觀

1. 學校體系是社會結構中的一環，因此必須順應社會價值觀來設計學制。各國社會價值觀因傳統與文化而有所不同，並直接或間接塑造出不同之學校制度。
2. 例子：包括臺灣、日本、南韓等地區，多秉持文憑至上與考試競爭的價值觀，影響家長「重普通，輕技職」的觀念，導致職業學校聲望往往不如普通教育學校。

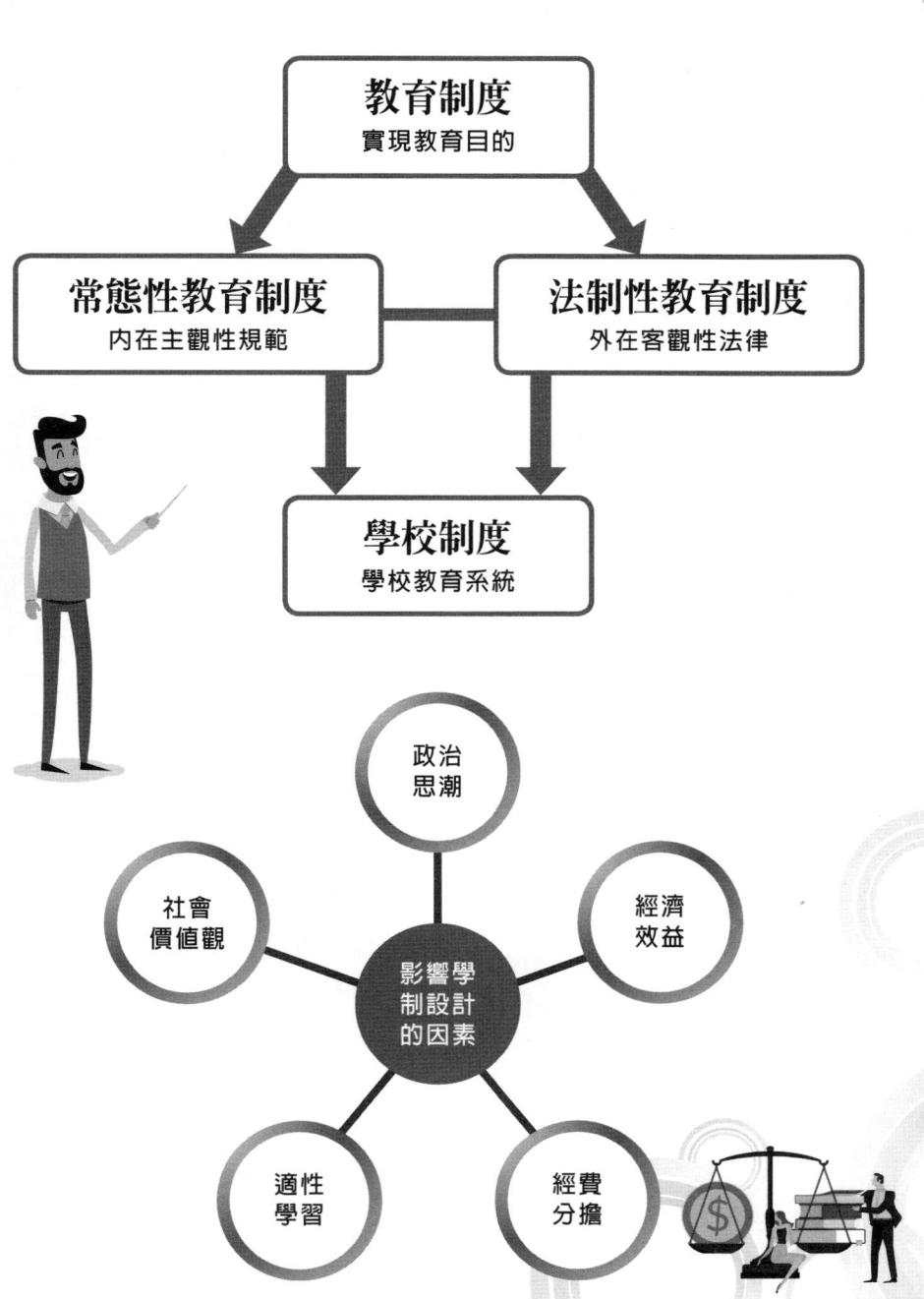

教育制度
實現教育目的

常態性教育制度
內在主觀性規範

法制性教育制度
外在客觀性法律

學校制度
學校教育系統

政治
思潮

社會
價值觀

經濟
效益

影響學
制設計
的因素

適性
學習

經費
分擔

Unit 2-2
分流類型：單軌制與多軌制

一、分流的定義

　　分流（tracking）係指一種利用鑑別方式，將學生分入適合其性向與能力之教育組織的過程。簡而言之，分流教育是指在制度上，針對不同的教育對象，採取不同的實際教育措施。

二、分流教育的類型

　　分流教育因教育政策的影響，在學校間或學校內而有所不同的類型，在各國會依需求交叉使用。茲分述如下：

1. 分軌：或稱分類，將學校類別化的分流教育。舉例：德國即依學生成績來決定升學（學術）或就業（職業技術）或習得基本常識（不升學也不學技術）的傳統。
2. 分校：以選擇學校為主的分流教育。舉例：美國許多地區的學校因為學生來自不同社經地位水準家庭而造成該區因文化水準不均，導致學校等級有極大差異。
3. 分層：即能力編班，依照孩子智力或學業成績高低進行編班或分組的教學方式。舉例：以往臺灣的學生會依照其學業表現分為升學班或放牛班，即為此形式之展現。
4. 分群：即學校依學生的性向和興趣做分組，設置不同出路課程的分流教育。舉例：在校內實施學科能力分組與技藝教育學程供學生升學或就業導向的選擇。
5. 分科：在學校設置多元教育課程的分流教育。舉例：日本高中將普通高中分為文、理科課程，職業學校依不同科別設置不同課程。

三、單軌制的定義與特色

1. 定義：國家教育系統為連續不斷的直線系統，中間並未經過分流（分化）至不同學校體系的過程。
2. 代表國家：以美國為代表。其特色為：
   ⑴ 義務教育為 10–12 年，包括小學、初中至高中階段。
   ⑵ 中學教育為綜合形式，不但提供一般學術課程，且有多種職業相關科目供選修。
   ⑶ 高中畢業後，學生可申請進入不同類型的高等教育就讀，且擁有極多轉校機會。

四、多軌制的定義與特色

1. 定義：數種學校制度並存，彼此平行的分途提供特殊的教育服務。
2. 代表國家：以英國為代表。其特色為以下其中任一種：
   ⑴ 公立與私立學校制度的並行。
   ⑵ 貴族與平民學校制度的並行。
   ⑶ 普通與職業學校制度的並行。
   　　上述⑴、⑵項，因二次大戰後義務教育與公辦學校勃興，影響力漸減。目前實施多軌制的國家，皆將焦點集中在普通與職業學校制度分立的設計上。

五、單軌制與多軌制的形成因素

1. 政治傳統：美國倡行平等主義，反對過早分流。
2. 社會因素：英國目前仍有貴族階級存在，因而使私立的公學系統獨樹一幟。
3. 經濟因素：
   ⑴ 美國財力雄厚，可以提供單軌制義務教育眾多學校的開支。
   ⑵ 德國使部分學生事先分流進入職業學校體系，養成一技之長後，投入就業市場，減輕政府財力負擔。

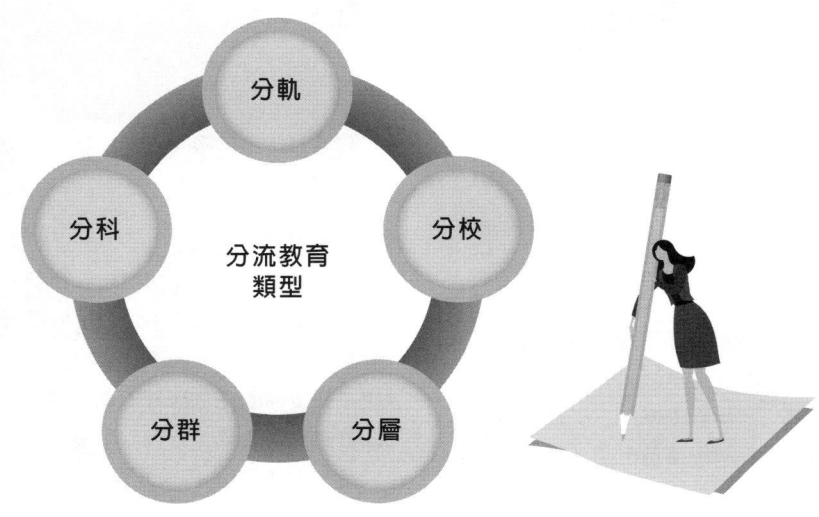

單軌制→美國為代表
1. 義務教育為10–12年，包括小學、初中至高中階段
2. 中學教育為綜合形式，提供多元課程選修
3. 高中畢業後可進入不同類型的高等教育就讀，且轉校機會多

多軌制→英國為代表
1. 公立與私立學校制度的並行
2. 貴族與平民學校制度的並行
3. 普通與職業學校制度的並行

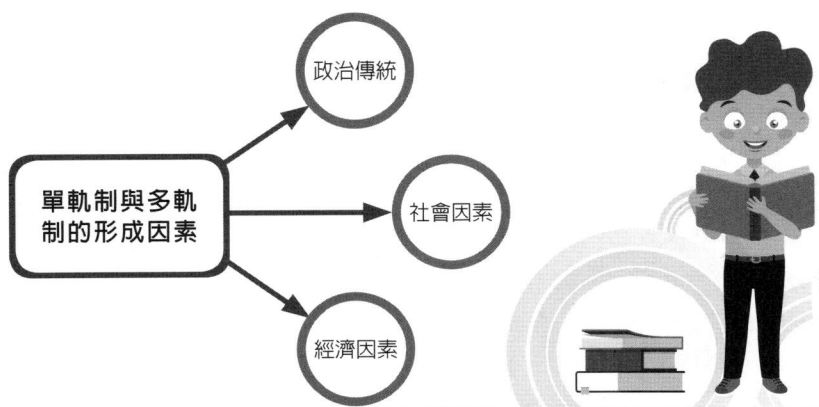

Unit 2-3
美國與英國的學制與分流設計

一、美國的學校制度

美國的義務教育各州不同，但大致介於6–18歲之間，約略可分成傳統體制與特殊體制兩類，茲分述如下：

（一）傳統體制

1. 八四制：八年制小學和四年制中學。八年制小學多設在鄉村。
2. 六三三制：六年制小學，三年制初中，三年制高中。六年制小學為大部分州所採用。
3. 六六制：六年制小學，六年制一貫中學。

（二）特殊體制

1960年代以來，部分州會設置中間學校（middle school），相當於5–8年級，其上再接9–12年級的高中，與傳統初中不同之處在於其「特別依照11–14歲的學童身心發展設計課程，以使其適應需要較多獨立學習的中學教育」。

二、美國學制的特色

1. 單軌制：美國各級教育從學前、初等、中等，到高等教育等四階段互相銜接。各級各類學校在結構上相互銜接，成上下一直線的結構。
2. 多元化：美國屬於多種族的外來移民國家，因此在其法律條文上，皆規定不分性別、民族、宗教與階層等，人人均享有入學機會均等的受教權，顯示其多元文化的價值觀。
3. 地方自主：美國實施地方分權制，各州有自己設計學制的權力，並將學制委由學區負責執行，因此雖然從小學到高中全國均設為12年，但各學區因學制設計不同，因此義務教育修業年限亦不同，甚至會出現同一學區不同學制之狀況。

三、英國的學校制度

英國學制之義務教育為5–16歲，16歲之後至18歲稱為擴充教育，約略可分為普通公立學校系統與獨立學校系統之公學。

（一）普通的公立學校系統

1. 公立初等教育：分為 5–7 歲的幼兒教育，以及 8–11 歲半的初級教育。
2. 公立中等教育：可分為文法中學、技術中學、現代中學，以及綜合中學，現以綜合中學形式為多數。

（二）私立的獨立學校系統

以公學（public school）為主，其傳統悠久，一部分與皇室有關；另一部分則是高社經地位的富人所設立。從私立的「幼兒學校」（3–8歲），到「預備學校」（9–12歲），再上即為「公學」（13–18歲），一脈相承而自成體系。

四、英國學制的特色

1. 多軌制：英國的學制相當複雜，公立與獨立（私立）學校系統並行，普通與職業教育分立（某些中學已有混合課程）。
2. 評量導向：以往英國在 11 歲初級教育結束前，會以紙筆測驗評定學習成果，作為未來分組教學或進入不同類型中學的參考。至今，學生 16 歲時參加「普通教育證書」（GCSE）考試，作為是否繼續升學之參考。
3. 擴充教育：擴充教育又稱為進修教育或延續教育（further education），是英國為義務教育之後，為 16–19 歲的青少年提供的全時或

部分時間的教育，是屬於非義務教育的閒暇訓練，包括所有成人教育、繼續教育或職前訓練在內，其層次低於高等教育。在高等教育階段的擴充教育則有某些學院提供職業導向課程或大學基礎班以供未直接報讀大學學士學程的學生修習。

美國學校制度

傳統體制
1. 八四制
2. 六三三制
3. 六六制

特殊體制
中間學校

英國學校制度

公立學校系統
1. 公立初等教育
2. 公立中等教育

獨立學校系統
公學系統

單軌制

多元化

美國學制特色

地方自主

多軌制

評量導向

英國學制特色

擴充教育

Unit 2-4
法國與德國的學制與分流設計

一、法國的學校制度

法國的義務教育為10年（6–16歲），從小學一年級到高中第一年，約略可分成初等教育與中等教育兩類，茲分述如下：

1. 初等教育：法國初等教育為 5 年，招收 6–11 歲學生。
2. 中等教育：法國的中等教育招收 11–18 歲之學生，可分為兩個階段：
   (1) 初級中學：4 年，名稱分別為初中之六、五、四、三年級（法國年級越高，數字越小）。初級中學又分為前兩年的觀察期與後兩年的輔導期。
   (2) 高級中學：名稱分別為高中之二、一與結業級。根據學生升學或就業導向，又可分為一般高中與職業高中：
      ① 一般高中：分為普通高中與技術高中。
      ② 職業高中：主要培養專業技術人員。

二、法國學制的特色

1. 多軌制：法國學制大體與英國相似，亦採取中學即開始分流的作法，不同者乃在法國的公私立學校系統不似英國般有結構上的差別。
2. 高留級率：法國的教學大綱統一由中央國家教育部制定，由於是義務教育，無退學措施，但淘汰標準又甚為嚴格，導致留級率偏高，甚至連初等教育亦不例外。
3. 大學院：法國除了有一般以研究為主的大學外，尚設有以培養專門人才為主的「大學院」之高等教育機構，且多為私立學校。大學院一般三年，不授予學位，但其畢業生都居法國社會中各行各業之領導地位。

三、德國的學校制度

德國採行聯邦制，各邦學制略有不同，義務教育為12–13年，約略招收介於6–16歲之學生，大致分為初等教育與中等教育，茲分述如下：

1. 初等教育：德國的初等教育為普及教育，少數邦為 4 年，多數邦為 6 年，招收 6–12 歲學生。
2. 中等教育：德國的中等教育為適性的分流教育，進入第五年級後，即須依學業成績進入未來就讀的中學類型，茲依中學學術聲望，分述如下：
   (1) 文法中學：修業年限為 5–13 年，學生入學目的在未來升入大學，學術聲望最高。
   (2) 綜合中學：修業年限與文法中學相同，結合文法中學、實科中學與主幹中學。
   (3) 多元進路學校：整合主幹中學與實科中學，提供學生不同層次的課程。
   (4) 實科中學：修業年限為 5–10 年，比主幹中學多一年，培養基層白領階級。
   (5) 主幹中學：修業年限為 5–9 年，基本上止於義務教育年限，學術聲望最低。

四、德國學制的特色

1. 雙軌制：德國採取普通與職業、文憑與證照、學術與技術並重的雙軌制教育。
2. 定向階段：由於 1976 年以前，學生四年級畢業即逕行分流，引起極大反彈，因此，多數邦在第五年與第六年級設置一種類似中間學校的「定向階段」，減緩學生分流時間。
3. 三枝學制：學生在四年級之後即開始分流，欲入大學者選擇文法中學；欲直接就業者升入主幹中學；性向不明確者可先選擇兩者兼備之實科中學就讀。

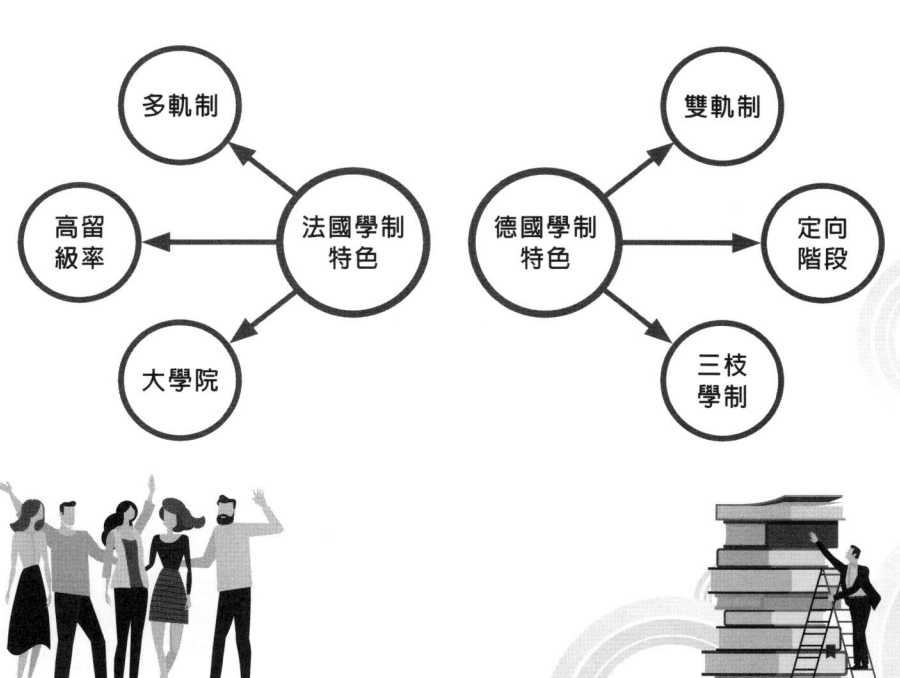

法國學校制度	德國學校制度
初等教育	初等教育
中等教育 1.初級中學 2.高級中學 　(1)一般高中 　(2)職業高中	中等教育 1.文法中學 2.綜合中學 3.多元進路學校 4.實科中學 5.主幹中學

Unit 2-5
日本與中國大陸的學制與分流設計

一、日本的學校制度

日本的義務教育為9年（6–15歲），包括初等教育的小學與中等教育的中學校（國中）和高等學校（高中）兩類，學制與臺灣相仿，茲分述如下：

1. 初等教育：日本的小學為 6 年，招收 6–12 歲學生。
2. 中等教育：日本中等教育分為兩階段：
   (1)國民中學：3 年，招收 13–15 歲學生，為強制性之義務教育，以公立學校為主。
   (2)高級中學：非義務教育，招收 16–18 歲學生，必須經過入學考試，由於社會的期待，有超過 95% 畢業生選擇繼續升學。高中可分三類，茲分述如下：
   ①只提供普通選修課程者：屬臺灣所稱之學術型的普通高中。
   ②提供普通與職業選修課程者：屬臺灣所稱之兼有高中與高職的綜合高中。
   ③只提供職業選修課程者：屬臺灣所稱之高職。

二、日本學制的特色

1. 多軌制：日本的多軌制設計與法、德，以及臺灣相比，分流色彩較淡。
2. 中央統一：日本的中等教育由中央統一規定，全國各地的中等教育學制極為一致，課程與教學內容亦由中央文部科學省統一審定與制定。
3. 多樣性：日本的高級中學按照學習的方式，可分為全日制、定時制、函授制三種。全日制招收初中畢業生，學制為 3 年；定時制和函授制約為 4 年以上。而以全日制高中為主。

三、中國大陸的學校制度

中國大陸的義務教育為9年，招收介於6–16歲學生，大致分為小學與初中，初中以上稱後期中等教育，分述如下：

1. 小學：中國大陸的小學招收 6–12 歲學生，課程分為城市地區與鄉村地區兩套，由各地區因地制宜，自行選用。
2. 初中：中國大陸的初中招收 13–15 歲學生，初中畢業即可參加入學考試進入普通高中或中等職業教育相關學校。
3. 後期中等教育
   (1)普通中學：分為初級和高級，修業年限為 5–6 年（初中 3 年，高中 2–3 年）。
   (2)中等職業學校：招收初中畢業生，修業年限為 3–4 年，由各業務、廠礦與教育部門合辦，畢業就近進入各興辦的企業內工作。
   (3)技工學校：招收初中畢業（3 年）或高中畢業（2 年）。教學以生產實習為主，培養中等技術工人。多歸勞動部門管理。
   (4)中等專業學校：招收初中畢業生，修業年限為 3–4 年，高中畢業生為 2 年，培養各行各業中等技術人員。
   (5)成人中等學校：分為成人初中與高中，招收具有小學或初中程度的青壯年學生入學，修業年限為 2–3 年。

四、中國大陸學制的特色

1. 多軌制：與其他多軌制國家相仿。
2. 聯合辦學：國家辦學為主體，連同社會各界聯合興學，形成全日學校與業餘學校並存、一般與技術教育並重之多元教育體制。
3. 意識型態：中國大陸歷年各級學校體制，多半反映以社會主義思想為主流之意識型態。

日本學校制度	中國大陸學校制度
初等教育	**初等教育(小學)**
	中等教育(初中)
中等教育 1.國民中學 2.高級中學 　(1)只提供普通選修課程者 　(2)提供普通與職業選修課程者 　(3)只提供職業選修課程者	**後期中等教育** 1.普通中學 2.中等職業學校 3.技工學校 4.中等專業學校 5.成人中等學校

日本學制特色 → 多軌制
日本學制特色 → 中央統一
日本學制特色 → 多樣性

中國大陸學制特色 → 多軌制
中國大陸學制特色 → 聯合辦學
中國大陸學制特色 → 意識型態

Unit 2-6
臺灣的學制與分流設計

圖解教育行政實務

040

一、臺灣的學校制度設計

我國現今學制為六／三／三／四制的架構，除了國民義務教育外，高級中等以上學校教育（含五專）包含「普通教育」與「技職教育」雙軌制。學前之幼兒教育非義務教育，因此不納入學制，而原先義務教育為國小6年，自1968年起，延長為9年，包括初中（國民中學）3年，且自108學年度起逐步施行12年國民基本教育，以自願入學取代強迫入學方式實行。

1. 學前教育：學前教育由幼兒園實施，招收4–6歲幼兒，非義務教育。自2011年實施「幼兒教育及照顧法」後，正式啟動幼托整合政策。然因僧多粥少，公立幼兒園需進行抽籤，導致私立幼兒園林立，近年部分縣市推動「非營利幼兒園」之設立，造成各幼兒園爭搶學生非常激烈。

2. 國民義務教育：分為兩階段，前一階段為國民小學6年，招收6–12歲學童；後一階段為國民中學3年，招收13–15歲學生。兩階段均為強迫性義務教育。

3. 高級中等教育：與九年國民教育合為「十二年國民基本教育」。高級中等教育採取免試入學為主，由學生依其性向、興趣及能力自願入學。類型分為：(1)普通型高級中等學校；(2)技術型高級中等學校；(3)綜合型高級中等學校；(4)單科型高級中等學校。

4. 高等教育：大學為4年；碩士班為1–4年；博士班則為2–7年。

二、臺灣學制的特色

1. 多軌制：臺灣的多軌制主要在義務教育後，與其他多軌制國家相似（如德國、日本），從國中後開始分流，主要為學術導向（一般高中）與職業導向（高職）兩個途徑，學生也可選讀綜合學程。

2. 多元升學管道：國中畢業生可以選擇免試入學或是特色招生；高中畢業生可選擇參加升學考試，例如：學測、指考，或是推薦甄選（繁星計畫）。高職畢業生可參加統一入學測驗或是推薦甄選（繁星計畫），升學管道種類多元。

3. 高中職學費齊一：自2010年起陸續實施公私立高中職免學費方案，惟其不包括雜費一項，使得立意雖然良好，但學生就讀私立學校（尤其是私立高職）所需費用壓力並不因此減輕。

三、臺灣學校制度設計之問題

1. 幼教師資監督與輔導不足：學前教育並非義務教育，加上公立幼兒園數量不足，導致收費昂貴的私立幼兒機構因運而生，造成監督上的死角。目前雖實施「5歲孩童免學費」政策，但在師資、設備、教材上，仍有很大輔導之空間。

2. 文憑主義與智育導向：兩者幾乎控制了學校的教學政策。明星高中與大學還是逐鹿者眾，使得中小學傾向輕忽道德與美育的智育導向教育，仍是未來教育亟待解決的課題。

3. 國中畢業生選擇就業問題：12年國民基本教育之後3年並非義務教育，使得部分國中畢業生面臨無一技之長的問題。不想做基層低薪工作，整日遊蕩造成社會問題，如何照顧國中畢業生之就業，也是今後學制必須面臨的問題。

4. 廣設高中大學之後遺症：過度擴充使得僧多粥少，部分大學或高中職因招不到學生，而面臨倒閉退場之問題，對於該校師生造成巨大衝擊，也對國家人才培育造成巨大傷害。

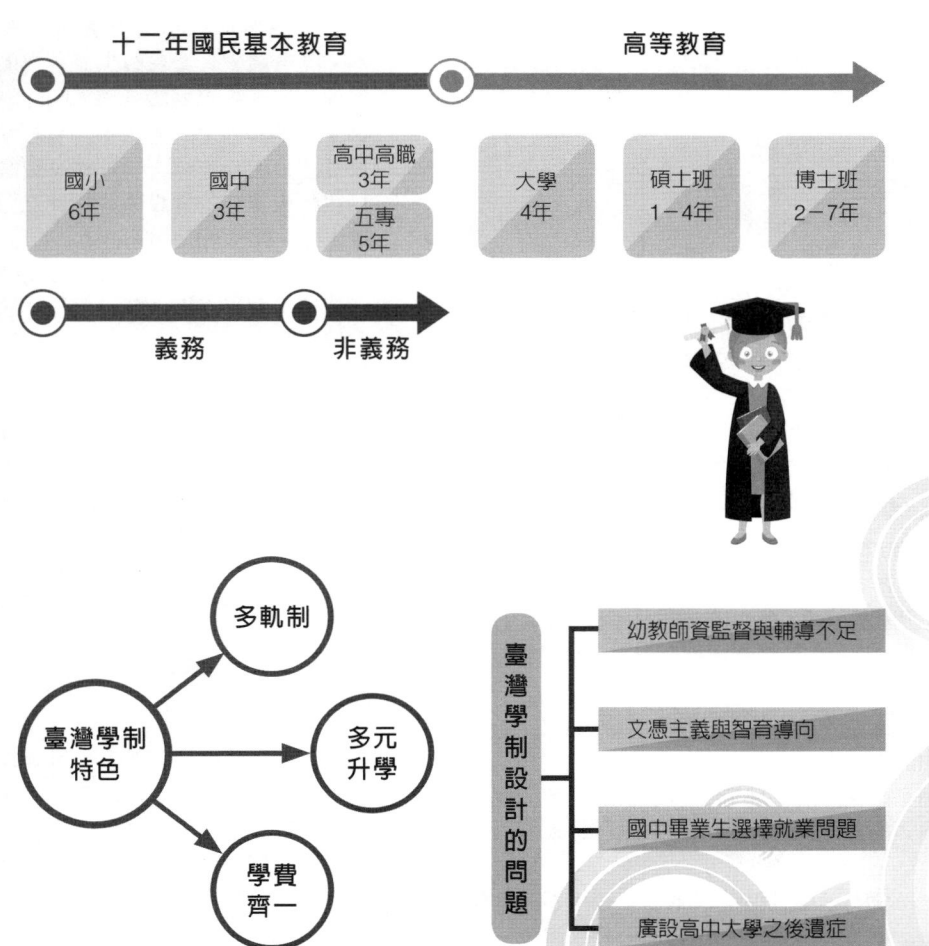

臺灣現行學制簡圖

十二年國民基本教育　　　　　高等教育

| 國小 6年 | 國中 3年 | 高中高職 3年 / 五專 5年 | 大學 4年 | 碩士班 1-4年 | 博士班 2-7年 |

義務　　非義務

臺灣學制特色
- 多軌制
- 多元升學
- 學費齊一

臺灣學制設計的問題
- 幼教師資監督與輔導不足
- 文憑主義與智育導向
- 國中畢業生選擇就業問題
- 廣設高中大學之後遺症

Unit **2-7**
分流機構：普通與職業教育體系

單軌制與多軌制國家的義務教育年限多半雷同，然而其分流年齡卻因所制定的職業教育政策而頗多差異，茲就其普通與職業教育體系之三種不同類型分述如下：

一、平行式

1. 定義：普通教育系統與職業教育系統平行設立。
2. 代表國家：法國、臺灣。
3. 優點：層次分明，學生依其性向與能力選擇不同管道就學，國家也依人力需求規劃，減低學非所用現象。
4. 缺點
   ⑴普教與職教系統分立，學生一旦發生學習不適現象，回頭之路極為艱難。兩者間的橫向聯繫較難建立。
   ⑵職業學校往往在理論與實務教學上較難取得平衡點，過偏實務則家長會有難以考上科技大學之考量，且所學如果偏於理論，則易使課程僵化，與市場實務脫節，影響所及，難以吸引優秀學生，造成職校角色之拿捏相當困難。

二、綜合式

1. 定義：以綜合中學的形式，將普通與職業課程融於一爐，學生不必在中學階段即進行分流，而是依照自我興趣與能力，嘗試各種性質的課程。
2. 代表國家：美國。
3. 優點
   ⑴ 延緩分流的時間，給予學生更多機會思考與測試自我的程度，以在將來做出更正確的主修決定。
   ⑵ 使不同社經地位學生擁有較平等的就學環境，落實社會的公平正義。避免家境貧困子弟淪入職業教育體系以便就業賺錢之社經地位複製之發生。

⑶因為學校同時有升學與職業教育課程提供選修，能擴大學生的視野。
4. 缺點
   ⑴集中所有學生於一校，往往驅使學科較差的學生選修職業科目，而學科較佳的學生則會選修學術科目，會出現資優班與放牛班同時存在的狀況。
   ⑵綜合式之實施與英才制教育理念相衝突，因為國家資源有限，無法讓所有人都進入高等教育機構就讀，因而必須在適當年齡將學生分流以達到有效率地應用資源，如實施綜合式則需同時維持學科與職業課程，其設備與師資之要求必定比分別設校要來得高。
   ⑶學校同時存在升學與職業課程之選修，造成學生遊蕩其間，缺乏焦點學習，導致資源浪費。

三、雙重式

1. 定義：繼承古老的學徒制度，採行企業與學校結合的教育方法，是一種一邊在工作場所工作，一邊在學校接受教育的制度。
2. 代表國家：德國。
3. 優點：學校與企業結合的雙重制度，學生在畢業後可決定留在原工作，或是繼續向上接受更高層的職業教育。
4. 缺點：接受職業教育系統後，想進入一般大學的機會微乎其微。

臺灣目前雖然有綜合高中的規劃，儘量以高中就讀一年後，再依照自己學習成就、能力、興趣選擇高中升學目標（一般大學院校）、高職升學目標（科技大學、四技二專）或就業目標。然其因為設立的學校少且多為私校，在文憑至上與明星高中思維仍然根深柢固的臺灣，未來仍有改進之空間。

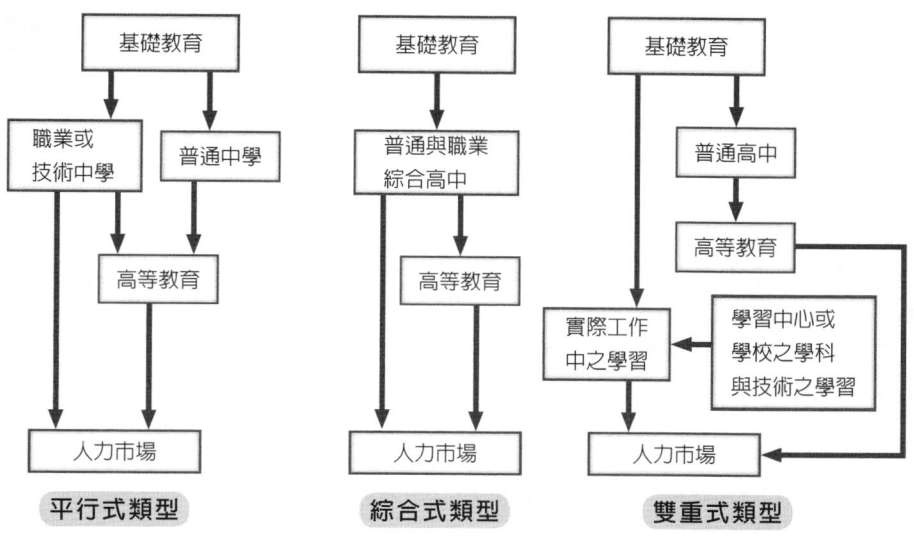

普通教育與職業教育投入人力市場之類型

平行式類型

基礎教育 → 職業或技術中學 / 普通中學

職業或技術中學 → 高等教育

高等教育 → 人力市場

綜合式類型

基礎教育 → 普通與職業綜合高中 → 高等教育 → 人力市場

雙重式類型

基礎教育 → 普通高中 → 高等教育

實際工作中之學習 ← 學習中心或學校之學科與技術之學習

人力市場

不同分流類型的優缺點

平行式

優點
- 層次分明，學生依性向與能力就學。

缺點
1. 學習不適應者，難以回頭重修。
2. 職業教育理論與實務難以取得平衡點。

綜合式

優點
1. 延緩分流的時間。
2. 使不同社經地位學生擁有較平等的就學環境。
3. 能擴大學生的視野。

缺點
1. 學優者選升學；學劣者選就業。
2. 經費耗費較多，錢無法用在刀口上。
3. 學生缺乏焦點學習，導致資源浪費。

雙重式

優點
- 學生在畢業後可決定留在原工作，或是繼續向上接受更高層的職業教育。

缺點
- 接受職業教育系統後，想進入一般大學的機會微乎其微。

Unit 2-8
分流時機：延緩分流的爭議

一、分流的依據

　　單軌制國家多半允許學生在進入大學時才進行分流。與之相較，多軌制國家除積極延長義務教育年限外，尚在學生進入高中或高等教育前，採用各種方式進行分流，其方式大致有六種，茲分述如下：

1. 入學考試：如臺灣、大陸與日本的各種入學考試。目的在篩選學生，使具備不同程度者進入適當的機構就讀。

2. 會考成績：如英國之各級會考。測驗通過後可獲得證書，再以此申請希望就讀的學校，往往一年中有數次考試機會。

3. 學業性向測驗：如美國 SAT、ACT、GRE，由專業的測驗中心編製測驗，學生可視需求參加測驗，並憑成績申請學校。

4. 在學成績與特殊表現：如美國在檢視學生申請入學時，會將入學前之學業成就、學生的課外活動、與特殊表現納入考慮。

5. 教師與家長意見：如法國在分流學生前，必須先參酌家長的意見，再綜合教師之看法與學生成績，做出分流的最後決定。

6. 推薦信函：如美國大學多半要求申請者提出推薦信函，其來源多半是熟悉學生背景與程度的人士。

二、延緩分流的爭議

　　延緩分流的政策，主要有二：一是創建綜合高中；二是廣設高等教育機構，對此教育界出現兩極化的意見。綜觀贊成延緩分流者與反對延緩分流者兩造的看法，可歸結其爭辯的焦點有三項，茲分述如下：

（一）關於「因材施教」的看法

1. 正方：真正因材施教是配合學生需求，提供適當的環境加以發展，主張高中階段應增設不同取向與不同課程規劃的學校，綜合高中是不錯的選擇。

2. 反方：並非所有學生皆適合就讀普通高中，且延緩設立職業學校，對於培育國家未來人力會產生阻礙。

（二）關於「資源運用」的看法

1. 正方：設立普通高中的投資比職業學校為低，且即使畢業後選擇就業，也可接受短期職業訓練，生產力不比高職學生差。

2. 反方：延緩分流會提高社會成本，且國家資源有限，不能任憑學生在學校以嘗試錯誤方法尋找其興趣與性向。

（三）關於「文憑證書」的看法

1. 正方：必須打破文憑的限量發行，才能使其價值回歸市場的自由評價。廣設高中大學可以改正過度重視文憑的弊病。

2. 反方：會使得更多人盲目追求文憑，而使得升學競爭更加激烈。

三、延緩分流的策略

（一）設立綜合高中

1. 優點：能兼顧學生升學或就業需求，發揮性向試探與延遲分流的功能。此外，能將多軌制國家高中與高職壁壘分明的課程進行融合，使彼此間有互通的管道。

2. 缺點
   (1) 綜合高中學生修習職業課程意願較低。
   (2) 轉型試辦綜高之高職師資與設備有限。
   (3) 綜合高中成本較高，選課彈性有限制。

（二）擴張高等教育

1. 優點：能維護立志向學的學生之受教權，使得有心就讀大學的學生能一圓其夢。

2. 缺點
   (1) 競逐明星學校，升學主義依舊盛行。
   (2) 高學費趨勢，低社經地位家庭難負擔。
   (3) 資源稀釋，個別學生所享資源減少。

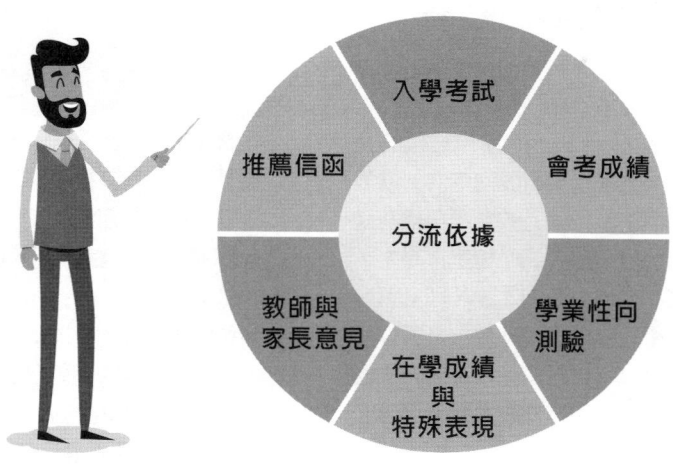

延緩分流的爭議

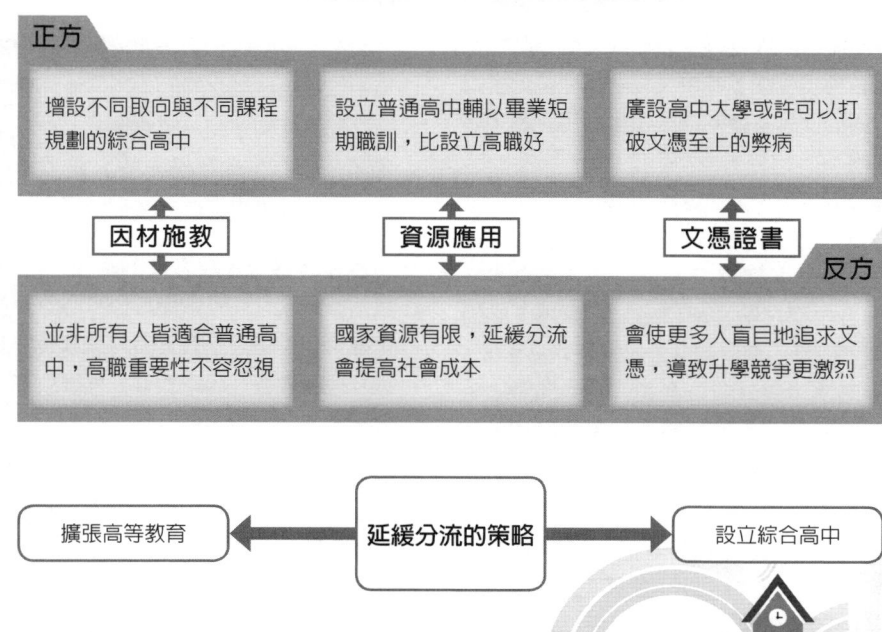

正方

| 增設不同取向與不同課程規劃的綜合高中 | 設立普通高中輔以畢業短期職訓，比設立高職好 | 廣設高中大學或許可以打破文憑至上的弊病 |

| 因材施教 | 資源應用 | 文憑證書 |

反方

| 並非所有人皆適合普通高中，高職重要性不容忽視 | 國家資源有限，延緩分流會提高社會成本 | 會使更多人盲目地追求文憑，導致升學競爭更激烈 |

擴張高等教育　←　延緩分流的策略　→　設立綜合高中

高中 ＋ 高職

Unit 2-9
學制發展的趨勢

圖解教育行政實務

046

　　學校制度的設計關乎一國教育經營的良窳，更影響學生未來就業與發展的走向。就整體觀點而言，分流制度與家長教育選擇權乃是學校制度之一體兩面。前者為學校選擇學生，後者則為學生選擇學校，學制之設計則必須兼顧兩者之間的平衡。既要因材施教，針對學生性向進行教育分流以培養專業人員；同時也要創建多元之優質學校，提供受教者完成個人的選擇。

　　環顧二次世界大戰後各國在學制上的改革，不外乎希望盡量平衡與兼顧個人與國家的教育需求，其趨勢有五，茲分述如下：

一、單軌與多軌學制的調和

　　多軌制國家因為過早分流或分流不當，使學生受教權益受損，其中又以社經地位低者為甚，針對於此，多軌制國家多半採用三種策略以為因應：

1. 創建綜合中學，延緩分流年齡
   (1) 英國、法國，以及德國均有創設，但成效則見仁見智。
   (2) 綜合中學之職業課程必須具備專業的師資與設備，要達到一定水準絕非易事。
   (3) 臺灣之中學階段也有綜合高中的設立，但多屬於私立與升學率較差的學校，普通與職業班級少有互動，類似多科中學的型態。
2. 改善職業教育體系，使其品質與聲望能與普通教育並肩，以吸引學生就讀
   (1) 德國職教體系不但有第十學年為職業基礎教育年的制度，且設立各級各類職業教育機構，畢業後依學生程度舉行證照考試，體系極為完善。

   (2) 臺灣雖積極整合技職教育體系而鼓勵技職學校升格為技術學院或科技大學，但因重學術輕技術而流於浮濫，目前許多技術學院或科大面臨招生不足而準備退場之窘境。
3. 增加普通與職教的交流機會，使學生在系互轉過程中不致遭遇困難而受到限制
   (1) 放寬轉學插班的限制。
   (2) 設立定向階段或中間學校。

二、教育機會均等的促進

1. 對於社經地位較低、文化不利、少數民族、學習障礙乃至於身心障礙，皆透過立法在學制上予以保護。
2. 各國在教育財政上，皆採行各種經費補助政策，以縮短城鄉之間的差距，使經費不足地區之學校能夠達到一定水準。
3. 各國多設立「教育優先區」或「教育行動區」，依其需求進行專案補助其人力設備。

三、各種非傳統學校教育的興辦

1. 包括特殊教育（資賦優異與身心障礙）、補習教育（失學民眾教育與特殊專長培訓），以及成人教育（隔空教育、推廣教育、社會教育）等。
2. 英、美諸國已經將特殊教育列入正式學制，以及成人教育機構之成立等，均顯示非傳統式學校教育方興未艾。

四、義務教育與基本職業訓練的加強

　　德國對於義務教育後即選擇就業的學生，給予各種強制性的職業訓練，對於專業人才的培育用力甚深。

五、改革教育以符應家長教育選擇權
　　相關措施包括建立另類學校、特許　　學校、補助私立學校、私校抵免部分賦稅，與實施教育券等。

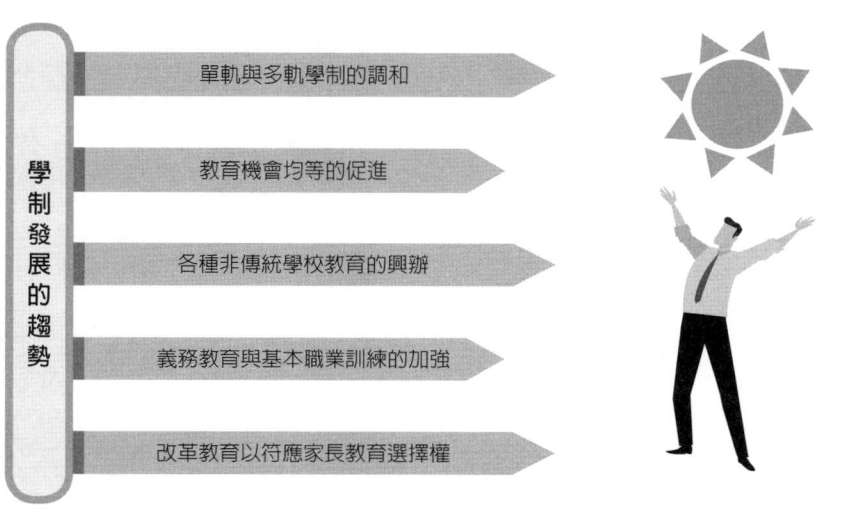

學制發展的趨勢

- 單軌與多軌學制的調和
- 教育機會均等的促進
- 各種非傳統學校教育的興辦
- 義務教育與基本職業訓練的加強
- 改革教育以符應家長教育選擇權

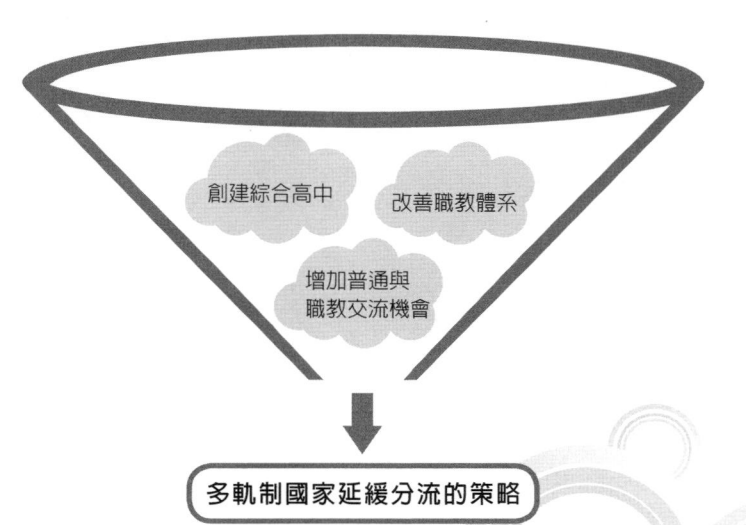

創建綜合高中　　改善職教體系

增加普通與
職教交流機會

多軌制國家延緩分流的策略

第 **3** 章

教育選擇權

　　自有正式學制以來，教育選擇權即成為爭議與辯論的焦點，其牽涉學生對於受教類型的選擇權限消長之問題，深具政治學的權力分配色彩。其利害關係人如政府、教師、家長，與學生彼此之間，針對誰有權利決定接受教育的形式與內涵常常爭辯不休。

　　教育選擇權牽涉甚廣，但其爭議的主要層級，則多在義務教育的中小學階段。此因學生適值未成年年齡，選擇權多落於監護人（家長）身上，然而，義務教育之特性往往使得家長倍感束縛，進而產生選擇權之爭議，並隨之興起一股在家教育與另類教育之呼聲。

　　本章先簡述教育選擇權的定義、面向與類型，繼之論述選擇權的四大爭議，最後，再介紹其他類型的教育制度與方式。

Unit 3-1
教育選擇權的定義、面向與類型

圖解教育行政實務

050

一、教育選擇權的定義

教育選擇權係指基於受教者的需求與福祉，進而選擇對其最適當教育的權利。

二、教育選擇權的面向

教育選擇權（school choice）在中文翻譯上呈現不同態勢，其中如「學校選擇權」、「教育選擇權」、「家長學校教育選擇權」等。而本書以選擇主體、場所、內容、層次等面向為考量，茲分述如下：

1. 選擇主體：可以是學生本身、家長（父母或其監護人），甚或是政府（少數特殊學生如少年犯）。由於中小學階段學生皆未成年，選擇權主體多落於身為監護人的家長身上，才會出現「家長學校選擇權」之說法。
2. 選擇場所：school choice的school，已不限於傳統之學校型式。晚近興起之另類教育、在家自行教育、非學校型態的實驗教育等均包括在內。
3. 選擇內容：除學校整體的表現外，尚包括對教育歷程（如教學目標、教學方式、課程、教材）的選擇。
4. 選擇層次：近年來已非僅限於學校層次，而是提升至不同政策的取捨。例如：教育券計畫、特許學校、所得稅學費扣除額，以及學區彈性化等政策。

三、教育選擇權的類型

實務上，教育選擇權牽涉到教育與學校類型的建置，分析教育選擇權則須先了解提供教育的場域與類型，其中係以經營型態與經費來源兩者分類，歸納有四類：

（一）政府經費政府經營型

1. 傳統公立學校：此類學校主要為傳統的公立中小學，經費來自政府，也由政府負責經營。由於配合學區制的實施，此類學校又稱「鄰居學校」。
2. 另類公立學校：例如：磁性學校是美國於1970年代為種族融合政策所設置之特殊公辦學校，成立目的在於吸引對一般學校不滿之學生。

（二）非政府經費政府經營型

此類學校極為少數，多半是因為違法或經營出現嚴重問題，而須暫時委託政府管理之非公立學校。在問題解決後，政府會退出並將經營權交還給合法之私校董事會。

（三）政府經費非政府經營型

1. 公辦民營學校：主要為特許學校，經費來自政府，但卻授權委託民間私人所組成的委員會加以經營。目的在引進企業的自由市場精神，因此必須接受政府定期評鑑以確保辦學績效。
2. 教育券學校：包括允許使用教育券入學的公私立學校，教育券已經由市場導向改為照顧弱勢的社會正義導向，學生可持之選擇進入辦學優良的學校，其中不乏老牌的私立教會學校。

（四）非政府經費非政府經營型

1. 在家教育：牽涉學校較少，多半由家長發動，使家長義務教育選擇權放大到極致，惟須接受政府的監督評鑑。
2. 傳統私立學校：包括辦學極為優良的菁英住宿學校，提供社會有錢階級子弟的主要受教場域，如教會學校。
3. 另類私立學校：經營者多半具有特殊之教育理念，如英國的夏山學校、德國的華德福學校皆有其教育的堅持。

選擇主體	選擇場所
1. 學生本身 2. 家長 3. 政府	1. 另類教育 2. 在家教育 3. 非學校型態 　的實驗教育

教育選擇權的面向

選擇層次	選擇內容
1. 教育券計畫 2. 特許學校 3. 所得稅學費扣除額 4. 學區彈性化	1. 學校整體表現 2. 教育歷程選擇

義務教育階段學校經營類型

經費來源 經營型態	政府經費	非政府經費
政府經營	1. 傳統公立學校 2. 另類公立學校	暫時由政府託管之非公立學校（如接管違法或營運出現嚴重問題之學校）
非政府經營	1. 公辦民營學校 2. 教育券學校	1. 在家教育 2. 傳統私立學校 3. 另類私立學校

Unit 3-2
教育選擇權的自主性爭議

圖解教育行政實務

052

教育選擇權在自主、績效、平等，與民主四類普世價值觀的影響下，會產生不同的主張，茲分述如下：

一、自主：政府管制教育的爭議

1. 定義：牽涉受教者選擇教育類型的自由程度。在義務教育階段，其多由家長代為執行。
2. 爭論焦點：人民有受教育之義務，國家具有管制教育的正當性。
3. 正方意見
   (1) 基於教育之公共財性質與市場失靈之疑慮，政府有限縮家長教育選擇權的正當理由。
   (2) 資訊不對稱常使弱勢家庭權益受損，因此政府在義務教育必須扮演引導介入的角色。
4. 反方意見
   (1) 政府管制可能無限上綱，容易形成單一與壟斷的制度。
   (2) 民主社會家長之偏好各有不同，政府應限縮管制規模，允許多元教育形式，以供家長選擇。

二、家長教育選擇權的訴求

即使在現今公辦學校獨占鰲頭的義務教育市場，部分家長仍基於不同訴求，爭取子女的教育自主權，茲分述如下：

1. 宗教信仰訴求：家長希望子女能進入信仰相同的學校，堅持子女能進入宗教團體所興辦的學校。例如：天主教教會學校、回教學校等。
2. 文化傳承訴求：家長希望子女能進入母語相同的學校，以母語教學來傳承自身獨特的文化。例如：美國華人的假日母語補習學校；馬來西亞不受政府補助的華文獨立中學系統。
3. 主流文化訴求：家長希望子女能進入主流文化的學校，以在未來能夠完全融入主流社會，免於被孤立。例如：美國的常春藤名校；新加坡的英語（獨立）學校。
4. 辦學績效訴求：家長希望子女能進入辦學績效最佳的學校，以免孩子落入辦學績效低的「淪陷區」。例如：英美國家主張拒絕入學，懲戒品質低劣學校；臺灣須通過入學考試的私立學校。
5. 教育理念訴求：家長希望子女能進入與自己教育理念相符的學校，讓孩子能在其環境中薰陶成長。例如：標榜自然主義教育理念的英國夏山學校與臺灣華德福學校。
6. 就學正義訴求：家長希望子女能進入落實資源分配公平的學校，讓孩子避免資源不足所形成的差別待遇。例如：美國的種族融合實驗班；臺灣的教育行動區。

三、政府介入教育選擇權的原則

政府若管制過當，往往引起侵犯人民基本權利的疑慮，在教育選擇權上更應謹慎介入。政府在介入時，應考慮的原則，茲分述如下：

1. 考量管制之目的是否合乎民主社會追求之目標。
2. 思考如果放寬管制，是否會傷害人民的公共福祉。
3. 確立管制本身只是手段而非目的之信念。
4. 盡量在維持人民權利的前提下，將管制規模減至最小。

家長教育選擇權的訴求

| 宗教信仰 訴求 | • 西方天主教教會學校
• 回教學校 |

| 文化傳承 訴求 | • 美國華人的假日母語補習學校
• 馬來西亞的華文獨立中學系統 |

| 主流文化 訴求 | • 美國的常春藤名校
• 新加坡的英語（獨立）學校 |

| 辦學績效 訴求 | • 英美主張拒絕入學品質低劣學校
• 臺灣須通過入學考試的私立學校 |

| 教育理念 訴求 | • 英國的夏山學校
• 臺灣的華德福學校 |

| 就學正義 訴求 | • 美國的種族融合實驗班
• 臺灣的教育行動區 |

政府介入教育選擇權的原則

考量管制之目的是否合乎
民主社會追求之目標

思考如果放寬管制，是否
會傷害人民的公共福祉

確立管制本身只是手段
而非目的之信念

儘量在維持人民權利的前提
下，將管制規模減至最小

Unit 3-3
教育選擇權的績效性爭議

一、績效：教育自由市場的爭議

1. 定義：牽涉教育實施之產出。教育組織如何利用績效分配資源，運作後產生的最大效益。
2. 爭論焦點：為追求表現績效，教育應成為自由市場。
3. 正方意見
   ⑴ 公辦教育績效不彰。教育如自由市場，可以增進學校績效，擴大家長選擇權。
   ⑵ 自由競爭機制能夠產生優勝劣敗的效應，迫使學校改革創新。
4. 反方意見
   ⑴ 自由市場只是創造公平的假象，實際上卻擴大社會階級的鴻溝，弱勢學生由於種種不利因素，往往在自由選擇的大帽子下被犧牲。
   ⑵ 自由市場增進教育績效尚無直接證據。

二、新自由主義的教育市場機制

　　1980年代，新自由主義的主要訴求即在打破傳統公辦學校獨占的態勢。其主要作法為「法令鬆綁」與「民營化」，希望藉由市場機能的重新啟動，自然淘汰辦學欠佳的公立學校，以回應提高家長教育選擇權的要求。而其在教育行政與管理制度上，出現了三種轉變，茲分述如下：

1. 重視「績效導向」的經營模式：政府在經營上如果績效不彰，可將部分經營角色與功能轉移至非政府組織或私人，以促進競爭，提供人民更有品質的服務。
2. 強調「多元選擇」的服務訴求：主張將部分教育服務經由各種形式。例如：外包承攬、特許模式、BOT，以及教育券等方式，移轉給私部門承攬經營。藉由法令鬆綁，提高學校辦學的自主性。
3. 主張「市場競爭」的自由機制：希望藉由打破國家的管制與獨占，引進私部門力量，以促進公私立辦學之公平競爭。亦即賦予私部門相同權限，辦學經費則應依照學生入學人數多寡決定。

三、教育體制改革的方向

　　各國在教育體制上的轉變，可以歸納兩大改革方向，茲分述如下：

1. 供給導向：採用多元發展的政策，以各種方式創建與傳統公立學校不同的類型，以擴大家長選擇的多樣性，避免齊一化所造成的停滯不前之弊病。
2. 需求導向：藉由消費者的選擇傾向，營造自由競爭、優存劣汰的市場機制，以突顯辦學具有特色者，並迫使學校經營者必須兢兢業業，否則就可能被淘汰出局。

四、教育體制改革的作法

　　在各國教育體制改革之方向下，其作法主要有四，茲分述如下：

1. 推動自由競爭市場制度，促成私立教育的興起。
2. 開放非政府部門參與學校經營，降低政府負擔。
3. 訂定教育相關法規，納入家長參與學校的權限。
4. 創建直接撥款學校，經費補助辦學績優的學校。

臺灣在1990年代行政院教育改革審議委員會所發表的「教育改革總諮議報告書」，其中即建議對於民間興學與辦學之鬆綁。近年來，出現各種形式的公辦民營學校，其訴求即在希望創建具有競爭、彈性與績效的教育生態，以符合當今民主時代潮流與社會多元發展的需求。

強調多元選擇的服務訴求

重視績效導向的經營模式

主張市場競爭的自由機制

教育行政管理制度的轉變

教育體制改革的方向

供給導向	需求導向
採用多元發展的政策，以各種方式創建與傳統公立學校不同的類型	藉由消費者的選擇傾向，營造自由競爭、優存劣汰的市場機制

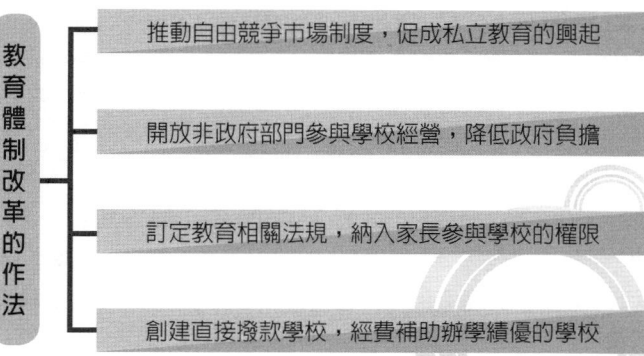

教育體制改革的作法

推動自由競爭市場制度，促成私立教育的興起

開放非政府部門參與學校經營，降低政府負擔

訂定教育相關法規，納入家長參與學校的權限

創建直接撥款學校，經費補助辦學績優的學校

Unit 3-4
教育選擇權的平等性爭議

一、平等：社會正義的爭議

1. 定義：牽涉受教者能否享有公平之教育機會與資源。

2. 爭論焦點：為達成教育平等的目標，家長教育選擇權可以被限縮。

3. 正方意見

   (1) 為促進社會正義，政府可以視情況限縮家長教育選擇權。

   (2) 只有能夠增進公共福祉而非獲得單獨個人利益的前提下，家長教育選擇權才可以被擴大。

4. 反方意見

   (1) 一旦個人權益得到伸張，長遠來看，即能增進公共福祉。

   (2) 教育選擇核心乃在使家長能夠得其所好，自由為子女選擇最適合的教育，因此不應該被隨便限縮。

二、教育選擇權的社會正義理論

　　當代探討正義的基本哲學理念學說繁多，相關學者彼此辯論極為激烈。基本上，判斷正義的標準可以分為兩大學派，茲分述如下：

1. 公平性：以 J. Rawls 為代表，偏向人道主義，認為正義即公平，社會之不公平需要藉由資源重新分配來解決。Rawls 的學說主要有三項原則：

   (1) 自由原則：個人均擁有與他人相容之最大平等的基本自由權利，如公民的政治權力等。

   (2) 機會平等原則：每個人應享有同等機會以發展生涯。

   (3) 差異原則：社會與經濟的不平等，應以對處於最不利地位者施以最有利之方式來處理。

2. 合法性：以 R. Nozick 為代表，偏向功績主義與功利主義，認為只要符膺合法取得與轉移財貨的程序，即是社會正義的實現。其理論論點有三，茲分述如下：

   (1) 個人所有權乃是神聖不可侵犯的。

   (2) 最少功能的國家乃是最理想的。

   (3) 個人在持有與轉讓財產之過程上具有合法性，即形成所謂的「持有正義」。

三、教育平等訴求的三原則

　　綜觀先進已開發國家的作法，其對教育平等之訴求多堅持三個公平性原則，茲分述如下：

1. 水平公平：即「同等特性同等對待」的概念。在教育運作上，即要求個別學生獲得的教育對待與教育資源應該達到均等的程度。例如：美國種族融合就讀政策。

2. 垂直公平：即「不同特性不同對待」的概念。在教育運作上，即要求特定學生的合法差異應得到確認，並且依其差異給予額外資源分配與對待。例如：學區教育經費的重新分配。

3. 適足性：對於教育投入與教育成效之間對稱性的重視。在教育運作上，適足性指標乃在希望學生得到一定教育資源之後，也必須產生相稱之高教育成就。例如：對學生學習成就檢驗的要求。

判斷正義的兩大學派之比較

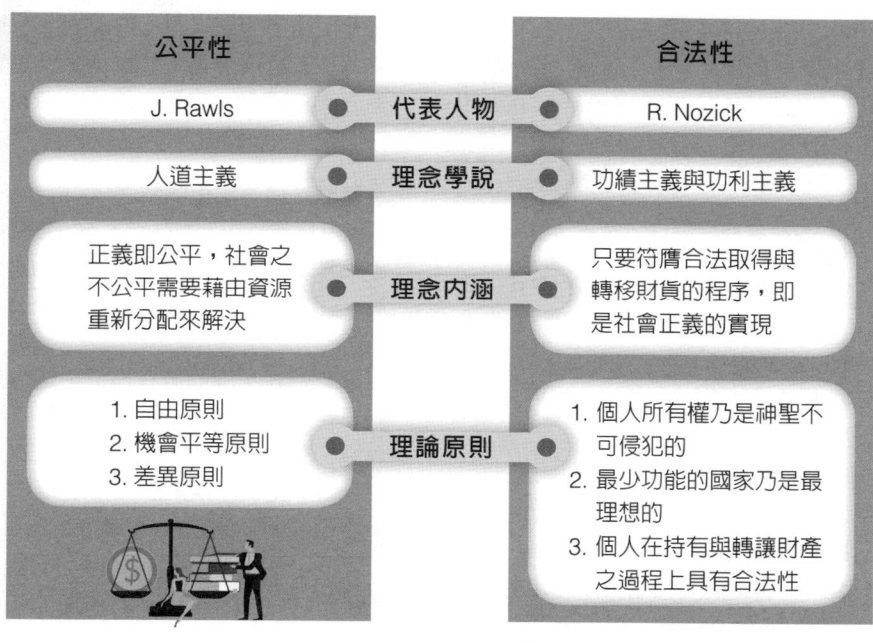

公平性		合法性
J. Rawls	代表人物	R. Nozick
人道主義	理念學說	功績主義與功利主義
正義即公平，社會之不公平需要藉由資源重新分配來解決	理念內涵	只要符膺合法取得與轉移財貨的程序，即是社會正義的實現
1. 自由原則 2. 機會平等原則 3. 差異原則	理論原則	1. 個人所有權乃是神聖不可侵犯的 2. 最少功能的國家乃是最理想的 3. 個人在持有與轉讓財產之過程上具有合法性

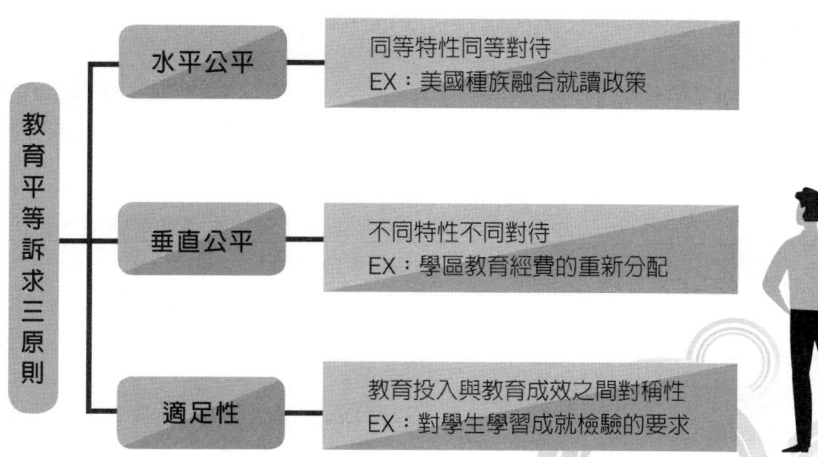

教育平等訴求三原則

- 水平公平：同等特性同等對待
  EX：美國種族融合就讀政策
- 垂直公平：不同特性不同對待
  EX：學區教育經費的重新分配
- 適足性：教育投入與教育成效之間對稱性
  EX：對學生學習成就檢驗的要求

Unit 3-5
教育選擇權的民主性爭議

一、民主：教育商品化的爭議

1. 定義：牽涉到公民意識與社會凝聚之養成。教育商品化的私人利益會否戕害民主社會公眾利益。

2. 爭論焦點：為促進社會民主與凝聚力，教育不應商品化。

3. 反對教育商品化之論點
   (1) 教育之目標不止於專業能力之養成，還必須培養學生身為公民之民主素養與價值觀，以共同形成社會凝聚力。
   (2) 教育如果商品化，將造成惡性競爭，加深教育不平等的現象。

4. 贊成教育商品化之論點
   (1) 目前各國教育已部分具有商品化色彩，其具有「價值帶動品質」之特性。
   (2) 只要搭配適當配套機制，商品化可以活絡教育之價值，並提供家長多元選擇。

二、教育傳遞民主價值的功能

世界各國堅持公辦教育，其產出績效往往令人詬病，但是仍無法撼動政府辦學的意志。政府堅持辦理教育的原因有四，茲分述如下：

1. 傳遞普世價值：政府擁有一定教育權的原因，在於希望藉由公辦教育傳遞良善的普世價值，以防止激進家長迫使子女接受特定或扭曲的價值觀。

2. 培養政治態度：各國政府無不希望藉由公辦教育的實施，尤其是多種族國家，儘量使受教者養成異中求同的政治態度。

3. 實踐公共利益：政府可藉由公辦教育實踐民主精神，以創造公共利益，避免因社會組成分子複雜而產生歧見，進而導致彼此的激烈衝突。

4. 調和宗教理念：政府可以規定非公辦學校需教授法定的國家課程為前提下，適度教授各宗教所欲傳遞之基本信念或價值觀，適度維護國內各宗教的自由，且不致使下一代成為宗教的極端分子。

三、反對教育商品化的看法

反對教育商品化的學者憂慮過度擴張家長教育選擇權的結果，必將導致教育市場化，進而嚴重扭曲教育本質，其看法有三，茲分述如下：

1. 商品化摧毀教育的既有價值：教育是神聖不可侵犯的，教師之付出除物質報酬外，尚有一份精神上的堅持，如將教育變成買賣行為，其本質會蕩然無存。

2. 商品化造成惡性競爭：教育商品化會導致學校間彼此惡性競爭，本來是傳道授業之處，變成販知鬻學之所，以迎合顧客口味，學校理想將蕩然無存。

3. 商品化加深教育的不平等現象：教育商品化後，其等級必將被公開呈現與評比。高社經家長追逐最佳品質學校。位於大城市的高級住宅區多屬於資源豐富學校，成為特殊階級子女的專屬學堂，明顯造成不公平現象。

四、教育商品化的調和之道

對於教育商品化的調和方式，提出兩點看法，茲分述如下：

1. 商品化需有配套措施：教育商品化可藉由政府推動配套措施來予以規範（例如：考核與評鑑制度等）。

2. 商品化在多元社會中必須具有正面意義：部分學校在市場機制下銳意改革，積極延聘優秀教師與制定特色課程以吸引學生，即具有「價值帶動品質」的正面意義。

傳遞
普世價值

調和
宗教理念

政府堅持公
辦教育理由

培養
政治態度

實踐
公共利益

反對教育商品化的看法

商品化摧毀教育的既有價值 ✕

商品化造成惡性競爭 ✕

商品化加深教育的不平等現象 ✕

商品化在多元社會中
必須具有正面意義

商品化需有配套措施

教育商品化的調和之道

Unit 3-6
磁性學校

圖解教育行政實務

060

一、磁性學校的定義

是一種政府在既有公立學校體制中，刻意創設具有特色之另類學校。顧名思義，物體具有磁性即可吸引他物靠近。創建之主因乃在於吸引特殊團體的學生。

二、磁性學校設立的目的

美國聯邦政府於1976年通過磁性學校援助方案（MSAP），茲將其目的分述如下：

1. 保持一定少數族群學生的數量，以減少、降低或防止其在中小學被孤立的程度。
2. 在磁性學校中發展特色課程與教學，以加強學生之學科知識，並幫助學生獲得有用且具有市場競爭性的職業技能。
3. 發展與設計創新的教育方法。
4. 磁性學校之建立可以幫助地方學區達成系統性改革，並提供學生達成州所設定之學術成就績效標準。

三、磁性學校的特性

較之於傳統公立學校，磁性學校具有幾項特性，茲分述如下：

1. 設有特色課程或是特殊教學方法，以吸引不同族群學生就讀。
2. 入學方式能夠促進志願性種族混合就讀政策。
3. 由個別家庭自由選擇是否加入就讀。
4. 允許學區以外的學生就讀。

四、磁性學校的形式

磁性學校有兩種形式，茲分述如下：

（一）全校性方案

1. 無入學學區限制，鄰近學區經申請入學核准後，皆可轉入就讀。
2. 必須完全參與學校所實施之特色課程。
3. 多實施於適合作整體課程規劃的小學。

（二）學校中方案

1. 規定學區以外的學校必須提出申請，學校有名額時才能得到入學許可。
2. 可彈性參與學校內所實施的特色課程。
3. 盛行於課程較複雜、需挑選學習領域以建立特色方案的中學。

五、磁性學校績效良好的原因

1. 設校目標明確，運作完備於法有據。
2. 發展具有學校本位性質的特色課程。
3. 進行創新之教育實驗滿足個別需求。
4. 家長與教師認同度高，且積極參與。

六、磁性學校的優缺點

（一）磁性學校的優點

1. 提升家長教育選擇權利，使其能進入辦學較佳的公立學校就讀。
2. 具有特色，能吸引原本對於公立學校失望之學生回流，進而達成族群比例平衡。
3. 注重特色課程與教學法，辦學績效良好，學生學習成就普遍提升。
4. 出現競爭態勢，帶動學區內其他學校改革的決心。

（二）磁性學校的缺點

1. 將學區中其他學校最優秀的學生納入其中，使得「強者越強、弱者越弱」的現象變本加厲。
2. 採取的特定申請篩選機制，使得背景不利的學生出現入學阻礙，而使其失去額外分享資源的機會。
3. 磁性學校的出現，會分散學區之資源。
4. 部分磁性學校學生之種族比例失衡，其中又以辦學最出類拔萃者為最甚，如此將違背其設立之初衷。

磁
性
學
校
的
特
性

設有特色課程或是特殊教學方法,以吸引不同族群學生就讀

入學方式能夠促進志願性的種族混合就讀政策

由個別家庭自由選擇是否加入就讀

允許學區以外的學生就讀

磁性學校的形式

全校性方案

- 入學規定:無入學學區限制
- 課程修習:必須完全參與
- 適合階段:小學

學校中方案

- 入學規定:學區外的學校須等學校有名額時才能得到入學許可
- 課程修習:彈性參與
- 適合階段:中學

磁性學校績效良好的原因

讚!

設校目標明確,運作完備於法有據

發展具有學校本位性質的特色課程

進行創新之教育實驗滿足個別需求

家長與教師認同度高,且積極參與

Unit 3-7
公辦民營教育

一、公辦民營教育的定義

係指政府經由立法程序，將教育事業授權委託給民間經營，適度引進民間資金與管理模式，俾提升辦學績效。

二、公辦民營教育的類型

公辦民營教育類型頗多，但多承襲商業公辦民營模式，主要可分為四種，茲分述如下：

1. 管理合約模式：政府提供教育運作所需之設施、人員與經費等資源，但授權民間私人負責營運。

   優點：能夠改進教育經營與資源之有效利用，且不會增加家長之經費負擔。

2. 民間承包模式：由民間人士定期向政府繳交承包費用，並由民間自負學校經營之盈虧責任。

   優點：可以增加政府財政收入、減輕財政負擔，且可以民間企業經營方式經營學校，有助於提高學校之行政效。

3. BOT模式：即「建造－經營－移轉」模式。由政府以特許方式交由民間經營一段時間，作為投資之報償，經營期滿後，民間再將設施與資產交還給政府。

   優點：(1)可減輕政府財政負擔；(2)民間資金與經營理念投入教育事業，可刺激與提升教育績效；(3)期滿之後，政府可無償取得學校及其設備。

4. 特許學校模式：經由政府立法，授權教師、家長、或民間人士經營公立學校，或特定的教育方案，經由主管教育行政機關審核通過後，取得經營的權利。

   優點：(1)學校經營者可以自行經營，發揮學校本位精神；(2)擺脫政府法規束縛，經

營績效較高；(3)不會增加家長與政府之教育經費負擔；(4)能夠促進自由競爭市場之形成與良性競爭。

三、臺灣實施公辦民營教育的案例

臺灣義務教育階段，實施各種公辦民營教育類型眾多，其中具代表性者，例如：代用國中、人本基金會之森林小學、臺北市北政國中自主學習實驗班、慈心華德福教育實驗國民中小學、人文國民中小學、信賢種籽實驗國民小學，以及諾瓦國民小學暨幼兒園等。

四、公辦民營教育的問題

實務上，各國興辦公辦民營教育，會產生四個共通性的問題，茲分述如下：

1. 政府與民間的權責難以劃分清楚：即使契約明訂，但是許多名詞如「辦學不力」等，多屬於不確定的法律概念，很難立即釐清。

2. 公辦民營教育的績效評鑑標準難以建構：在評鑑過程中可能會產生對特殊的教育理念看法歧異，而難以產生操作型指標，並據以評鑑。

3. 金錢誘因較低而難以吸引民間參與：參與者除需有教育理念，更需具備經營管理之專長，如何在低利潤與高付出的環境下，吸引有識之士參與，仍為一大難題。

4. 健全的退場機制難以建立：部分公辦民營教育屬於實驗階段，其穩定性與持續性無法與一般公立教育相比，經營過程中難以賡續之案例時有所聞。如何完善其退場機制，實為運作上之一大難題。

管理合約模式	公辦民營	民間承包模式
BOT 模式	教育類型	特許學校模式

臺灣公辦民營教育的案例

代用國中	人文國民中小學
人本基金會 之森林小學	信賢種籽實 驗國民小學
臺北市北政國中 自主學習實驗班	諾瓦國民小學 （暨幼兒園）
慈心華德福教育 實驗國民中小學	

公辦民營教育的問題

政府與民間的權責難以劃分清楚

公辦民營教育的績效評鑑標準難以建構

金錢誘因較低而難以吸引民間參與

健全的退場機制難以建立

Unit 3-8
特許學校

圖解教育行政實務

064

一、特許學校的定義

　　顧名思義，特許學校其成立與經營必須經過法律授權之「特別准許」程序。也稱為「委辦學校」。在美國，特許之機關為各州政府，在其他國家則大部分是教育行政主管機關。

二、特許學校的類型

　　特許學校種類極多，但多以當地社區學生之需求為主。可依不同負責人與辦學特色二項分為各類型，茲分述如下：

（一）不同負責人

1. 企業人士主導之學校：由特定企業人士為了回饋社會，進而興辦之特許學校。
2. 特殊教育理念者主導之學校：基於教育理念不同，具有特殊教育訴求者可以申請以特許學校形式，興辦各種另類學校。
3. 教師主導之學校：由具有特定理念之教師進行學校之籌組與運作。
4. 家長主導之學校：多由不滿傳統公辦學校之社區家長擔綱，特別是在社經地位較高之地區。
5. 特許學校經營組織主導之學校：包括非營利與營利教育組織，多由私人或企業所組成，有其一定之辦學理念。

（二）辦學特色

1. 人文基礎型：為追求卓越學術成就、探索多元文化課程、提供社會服務、進行品格教育與發展終身學習。
2. 核心知識型：學生在學術、社交上的學習為第一優先，並相信每位學生皆能成功。
3. 蒙特梭利型：不同科目皆採用實際操作的教學方法，亦即學生運用五官來體驗課程，並透過動手操作方式來學習不同技術。
4. 特殊需求型：目的在提供給特教需求學生（如聾生或盲生）一個免費、便捷與無障礙的學習環境。
5. 虛擬網路學校型：利用電腦進行線上教學服務，提供靈活學習選擇與設計具有吸引力的課程，讓學生能依照自己的學習步伐，獲取知識與追求學術成就表現。
6. 專業學校型：透過網路與科技的連結，提供學生線上學習課程，以獲取學位。亦即利用科技輔助教學以協助學生完成獨特的教育計畫，以滿足來自不同背景的學生。

三、特許學校的運作

　　特許學校管理模式雖較為創新且具有特色，但經營不善倒閉者歷年皆有一定比例。茲以美國為例，將其運作過程分述如下：

1. 主管機關：各州制定特許學校的法律中，會明確規定其主管機關與其權限。
2. 申請程序：教師、家長、社區、教育組織、企業機構或個人均得提出申請。
3. 招生政策：須以所在學區申請入學者為優先考量對象。
4. 經費來源：可申請中央或地方經費，亦可接受社區或私人之資助與捐贈。
5. 監督機制：雖可依法豁免部分教育法規的約束，但依照合約仍須接受上級管理機構之監督。
6. 退場機制：相關特許學校法均有特定之規定，如在合約期間，發現重大缺失，如違反合約規定或違反法令等，即須糾正並視情況之嚴重性終止合約。

特許學校的類型

不同負責人

企業人士

特殊教育理念者

教師

家長

特許學校經營組織

辦學特色

人文基礎型

核心知識型

蒙特梭利型

特殊需求型

虛擬網路學校型

專業學校型

主管機關

退場機制

申請程序

特許學校的運作

監督機制

招生政策

經費來源

Unit 3-9
教育券計畫

一、教育券計畫興起的背景

　　美國自1970年代起即別出機杼，力圖為學校組織再造與學校經營，進行型態上的改革。在公立學校注入市場化精神的主張此起彼落，如火如荼的改革也導致義務教育的丕變。市場化形式包括公辦民營、契約外包、教育券與BOT等方式，其中又以教育券計畫最受矚目與爭議。

二、教育券的理念

　　教育券的理念最早可溯及自由經濟理論之「憑券」制度，即採用一種與金錢等值的票券，可被持有用來購買或換取一定的服務或貨品，供應者再拿所收之憑券向有關部門換取相當面額的款項。教育券就是以憑券補助學生，允許其憑券入校就讀，學校再以收到的教育券向政府申請經費。

三、教育券計畫的目的

　　原則上，透過教育券計畫的實施，能達到三種目的，分述如下：
1. 社會正義導向：試圖為經濟能力有限之家庭，提供一個能於辦學較好的私立學校就讀的管道。
2. 市場競爭導向：藉由分權與競爭手段，由消費者選擇心中最佳的學校，以促進各校競爭，進而提升品質。
3. 擴大選擇導向：能夠讓家長因為教育券提供之額度，大大增加其選擇學校的機會，不會限於經濟壓力而屈就於少數學校。

四、實施教育券計畫的論辯

　　教育券是否實施與用何種方式實施，正反雙方論辯極為激烈，歸結實施教育券計畫的正反雙方意見，分述如下：

（一）增進教育機會均等，落實社會正義
1. 正方：教育券打破學制，並將私校納入，使得高品質教育不再是高社經家庭的權利。
2. 反方：教育券拿納稅人的錢去貼補有錢家庭，進而使其就讀辦學良好之學校，更有機會飛黃騰達，而導致階級再製的弊病。

（二）促進學校良性競爭，提升辦學品質
1. 正方：教育券將公立與私立學校納入同一教育市場，兩者才能在互相競爭下產生進步。
2. 反方：教育券讓家長能選擇多數學術卓越的私立學校，但有些家庭囿於文化種族身分影響，不會選擇較佳學校，實務上難以促成校際間良性競爭。

（三）提供更多選擇機會，擴大家長選擇權
1. 正方：教育券讓公立學校為與私校競爭，唯有努力辦學才能生存，如此才能達到提供學生更多教育選擇機會的目標。
2. 反方：教育券分散教育經費，妨礙公立學校正常發展，將使得束縛較多的公立學校無法與條件較佳的私立學校競爭。

五、臺灣實施教育券的建議

　　臺灣曾經在1990年代推動具有教育券理念的「幼兒教育券」與「私立高中職教育代金」計畫，在實施上深受限制而告終。美國的作法對於臺灣今後實施教育券可提供借鏡之處，茲分述如下：
1. 臺灣如要使用教育券，應在作法上改變，否則只會淪為單純補助的教育代金。
2. 臺灣教育券齊頭式補助的模式應該要改變，先幫助最弱勢的學生，而非齊一補助，以落實社會正義。
3. 臺灣應以財政觀點分析各種發放模式的可行性，避免因全面實施導致財政困窘。

市場競爭導向

社會正義導向

擴大選擇導向

教育券計畫 的目的

增進教育機會均等，落實社會正義

| 打破學制，並將 私校納入 | 教育券導致階級 再製的弊病 |

促進學校良性競爭，提升辦學品質

| 公立與私立學校在 競爭下產生進步 | 家長多選擇私校， 難以促進良性競爭 |

提供更多選擇機會，擴大家長選擇權

| 公立學校努力辦學 才能與私校競爭 | 分散教育經費，妨礙 公立學校正常發展 |

正 方

反 方

教育代金
係指政府為照顧弱勢團體使其享有均等之教育機會，以現金發放方式直接補助受教者，期能減輕學生受教費用或學雜費負擔。

Unit 3-10
在家教育

圖解教育行政實務

068

一、在家教育的定義

　　係指家長憑藉著家庭與社會資源，選擇不將學童送至學校系統接受教育，而在家庭裡自行管理與主導子女教育活動的模式。

二、在家教育的特點

　　關於在家教育的特點，茲分述如下：

1. 施教場所：除了家庭範圍內的場所外，並不排除其他社會相關之處所。例如：社區、其他家庭、社教機構、戶外場地等。
2. 教育者：除了家長之外，其他可能成為教育者的尚有家庭教師、其他家長、社區專業人士、甚至一般合格教師等。
3. 課程與教學：整體課程設計可因材施教，較一般學校教育具有彈性，但可能因為師資配合不易，在受教的多樣性上往往面臨瓶頸。

三、在家教育的發展演變

　　以父母為中心的在家教育原本在20世紀前蔚為當時主流，此後因國家主義興起，力主政府應設立公立學校系統以推動普及全民的教育。而由於在家教育支持者的抗爭，美國在1990年代的部分法院判例開始認同在家教育乃是合法的教育型態，因此自1993年後，美國50個州皆立法允許家長為子女選擇在家教育的形式。其捲土重來的原因有三，茲分述如下：

1. 學校教育過度標準化。
2. 公立學校辦學績效不彰。
3. 「去學校化」教育觀念興起。

四、影響選擇在家教育的因素

　　歸納相關文獻結果，影響家長選擇在家教育的因素有二，茲分述如下：

（一）家庭社經背景

1. 教育程度：母親教育程度越高，選擇在家教育機會越大。
2. 夫妻就業狀況：母親為家管者，比雙薪家庭選擇在家教育機率高五倍。
3. 子女人數：家中子女人數三人或以上者，選擇在家教育的機率比三人以下者高。

（二）教育理念

1. 宗教：家長堅持子女受教內容須與其信仰之宗教有所調和。
2. 對學區學校的滿意度：對學區學校不滿意者較傾向選擇在家教育。
3. 學生的特殊需求：身心障礙生有特殊需求，而選擇在家自行教育。

五、在家教育的型態

　　綜合美國各州的在家教育法與其他相關法令，茲將在家教育的實施模式分述如下：

1. 家庭學校：可由獨立或多個家庭組成，提供私人或宗教為本之教育，不收取報酬。
2. 家庭教師：必須具有州政府認可之教師證書，教學內容可與家長討論後共同設計。
3. 函授課程：部分州允許學生在家接受州政府所核准之全時函授課程，不需親至學校就學。
4. 獨立電腦衛星課程：多半以電腦網路與視訊課程為主軸，學生在家中即可得到相關獨立課程之授與。
5. 雙重入學制度：可於學區公立學校註冊，且可享受部分在家教育的權利。

六、臺灣在家教育的類型

　　依據相關法令，茲將臺灣在家教育的類型分述如下：

1. 個別家庭自行教育形式。
2. 家庭共學形式。
3. 特定組織之團體共學形式。

```
學校教育        公立學校辦        去學校化教                在家教育
過度標準化  →   學績效不彰   →   育觀念興起     →          復興
```

家庭社經背景		教育理念
• 教育程度 • 夫妻就業狀況 • 子女人數	影響在家 教育因素	• 宗教 • 對學區學校的滿意度 • 學生的特殊需求

在家教育的型態

| 家庭
學校 | 家庭
教師 | 函授
課程 | 獨立電腦
衛星課程 | 雙重入學
制度 |

臺灣在家教育的類型

| 個別家庭
自行教育形式 | 家庭共學形式 | 特定組織之
團體共學形式 |

Unit 3-11
另類教育

一、另類教育的意涵

可泛指與當前主流教育有所區隔的教育實踐，其中包括學校型態與非學校型態的教育方案。在臺灣則因有鮮明的教育理念而被稱為「理念學校」。

二、另類教育的興起因素

茲將另類教育興起的因素分述如下：

1. 實踐不同的教育理想：興起於對於主流教育的反動，而進行不同教育思維的實踐。
2. 民權運動的勃興：二戰後，基於宗教、族群或是教育理念所創設的另類學校，皆展現民權運動所標舉的平等與自由理念。
3. 市場控制政策的呼籲：公立學校由於缺乏競爭而保守怠惰，令家長深感不滿，進而促成另類學校的興起。

三、另類教育的類型

廣義而言，另類教育泛指幼兒教育至中等教育階段，在主流學校之外的各種教育實踐。例如：私立學校、特殊學校、磁性學校、特許學校、教育券計畫、在家教育等。

狹義而言，另類教育則包括與當前主流教育主張有顯著不同之教育實踐。例如：貧童學校、實驗學校、夏山學校、蒙特梭利學校、華德福學校等。

四、另類教育的理念

另類學校辦學雖各有特色，但多趨向個別化、理性對話，以及興趣本位之教育模式。實務上，茲將另類教育所秉持之教育理念分述如下：

1. 秉持全像式的教育觀點：主張必須重視學習者之全面發展，鼓勵其在不同的天賦潛能中，進行整體的學習。
2. 採取學習者中心的教育模式：教師依據學生個別差異設計課程與教法，並建構適當的學習環境，以激發學生主動探索的能力，找尋自我學習的最佳途徑。
3. 採取建構式的教育模式：提供學生選擇有興趣的活動，以在自我親身經驗中，將知識內化成為真正的學習成果，達到自發性成長的目的。
4. 主張多元主義強調接納差異：成員應具有一定自主權，同時也必須彼此傾聽，積極進行對話溝通，以在接納差異之前提下成長。
5. 堅持理性對話的師生關係：強調師生關係必須是理性的對話，教師須摒除身為成人的威勢。唯有透過理性對話，同時賦予學生自由與責任，讓其樂意學習，才能培養出自在與自尊的學生。

五、另類教育的困境

環顧世界先進國家另類教育經營之困境，茲分述如下：

1. 法規不完備而有違法之虞：因為法規制定趕不上另類教育改革的進度，致使經營者處處受限，擔心動輒違法，難以發揮理想。
2. 經費來源不足而學費偏高：由於立法與行政限制，得到政府的補助如杯水車薪，因此必須自負盈虧，家長則因政府補助不足而須自行負擔高昂的學費。
3. 評鑑方式缺乏而績效難評：由於相關評鑑方式與標準不確定，因此很難評估另類教育的辦學績效。
4. 升學管道缺乏而難以銜接：另類教育之規模多半不大，此即產生另類教育學生在中學階段後，缺乏銜接管道而難以進入正規教育就讀。

廣義的另類教育	狹義的另類教育
私立學校	貧童學校
特殊學校	實驗學校
磁性學校	夏山學校
特許學校	蒙特梭利學校
教育券計畫	華德福學校
在家教育	

另類教育的理念

秉持全像式的教育觀點	採取學習者中心的教育模式	採取建構式的教育模式	主張多元主義強調接納差異	堅持理性對話的師生關係

另類教育的困境

經費來源不足而學費偏高

評鑑方式缺乏而績效難評

法規不完備而有違法之虞

升學管道缺乏而難以銜接

第 4 章

教育財政與教育經費

章節體系架構 ▼

　　巧婦難為無米之炊，任何教育活動的經營均需要經費的支持。所謂「十年樹木，百年樹人」，教育的過程極為漫長，非短暫投資所能完成。基於此，世界各國莫不在教育制度的建立上大費苦心，希望在有限資源的條件限制下，以各種方式籌措足夠經費，實現全民教育的理想。

　　本章討論的內容，係以中小學教育為主。先論述影響教育財政制度的因素，繼之說明經費的籌措來源與分配原則，最後並參考各國發展趨勢，提出對臺灣現行制度的改進建議。

Unit 4-1
影響教育財政制度的因素

一、影響教育財政制度的因素

各國政府在制定教育財政政策時，會考量的因素有五，茲分述如下：

1. 接受教育的對象：任何教育財政計畫之擬訂，均必須事先了解受教者的背景與數量。例如：臺灣實施的 12 年國民教育政策中，強力推行公私立高中職免學費政策，因需由國家負擔，所以勢必要做學生數量調查以控管經費支出。

2. 提供教育的年限：基於公平原則，幾乎世界各國均規定國民必須接受一定年限之義務教育。實務上，義務教育以上的投資卻有一定限制。例如：臺灣從 9 年國民義務教育，提升到 12 年國民基本教育，其中 2014 年開始高中職學生全面免學費，因此需要研議「12 年國民基本教育財務規劃方案」以配合之，此即教育年限影響財政規劃。

3. 提供教育的內涵：教育內涵牽涉極廣，實務上主要牽涉課程種類與辦學品質。例如：設置綜合高中還是高中職單獨設校，其經費成本差距甚大。綜合高中開辦營運成本遠較分別設校來得高。

4. 提供教育的機構：受教機構主要分為公立與私立兩類，其彼此勢力消長對教育財政制度有巨大影響。例如：過於限制私立學校數量，則會使公立學校形成獨占而不思進步，造成政府沉重財政負擔；而過於放任私立學校數量，則會形成如英國公學系統的特殊社會階級，因此公私立學校地位消長，影響教育財政甚鉅。

5. 負擔者與其負擔比例：教育經費極為龐大，由誰來負擔往往左右教育財政制度的建置。

例如：以 12 年基本國教整體實施計畫估算所需經費需求，並由中央與地方政府依協商之負擔比率，各自循預算程序納編辦理，此即明定中央與地方在經費分擔上需做好協商溝通，完善經費支出比例的建制。

二、教育財政制度的運作方式

教育財政運作方式主要有經費獨立制與統收統支制兩類，兩者運作優點如下：

（一）經費獨立制之優點

1. 經費獨立而不被挪用：由於運作不受普通行政機關之干預，故可做到專款專用的地步。

2. 特殊需求可因地制宜：需事先調查學區的需求再編制預算籌措來源，不受普通行政機關轄治，較能達到因地制宜的成果。

3. 劍及履及地解決問題：由於牽涉層面較單純，較少受到官僚體系的干預，允許學校在短時間內即能獲得經費解決燃眉之急，可快速解決問題。

4. 多人參與可反映民情：由於直接自學區中徵稅籌措經費，牽涉到學區居民荷包，其所受關注與居民參與檢覈程度自然極高，較能反映民情。

（二）統收統支制之優點

1. 統一籌劃，避免部門各自為政：可依國家整體發展政策統籌經費，可兼顧協調各部門，避免各自為政與分裂危機。

2. 適量分配，減輕納稅不公現象：對於學區貧富差距導致稅收不同的問題，其至少可在一定限度內靈活使用經費。

3. 全盤考慮，各部門可互相支援：允許主事者依各部門之需求加以協調，在教育經費短絀時可獲得及時支援。

接受教育的對象

負擔者與其負擔比例

影響教育
財政的因素

提供教育的年限

提供教育的機構

提供教育的內涵

教育財政制度運作方式

經費獨立制

- 經費獨立而不被挪用
- 特殊需求可因地制宜
- 劍及履及地解決問題
- 多人參與可反映民情

V.S.

統收統支制

- 統一籌劃，避免部門
  各自為政
- 適量分配，減輕納稅
  不公現象
- 全盤考慮，各部門可
  互相支援

Unit 4-2
教育經費的籌措來源

一、教育經費政策的模式

檢視先進國家的教育經費政策，大致可分為兩類，茲分述如下：

1. 政府模式：特重教育之公共利益與促進平等之理念，認為完全放任於市場機制，定會阻礙社會流動而使低社經地位者難以翻身。例如：以高等教育而言，OECD 國家多屬於政府模式。

2. 市場模式：深信市場的競爭機制，強調政府干預會阻礙進步與使用者付費的概念。例如：以高等教育而言，美、日、韓、澳等四國傾向市場模式。

二、教育成本的意涵

教育成本係指用於教育經營過程中所投入資源的價值，其範圍與金額遠大於帳面上所列舉的經費預算。

三、教育成本的種類

教育成本包括直接成本與間接成本，茲分述如下：

（一）直接成本

1. 定義：多指由學校、學生或其家庭直接付出的成本。

2. 來源：在義務教育的前提下，學生繳費極少，個人付出的受教成本難與學校相比，但仍需負擔部分直接成本，茲分述如下：
   ⑴ 就學所需的住校食宿與制服費用。
   ⑵ 通勤上學的交通費。
   ⑶ 教科書、文具、運動器材的費用等。

（二）間接成本

1. 定義：在帳面上不易顯現，且其金額由於計算方式不同而往往不易確定。

2. 來源：多來自於機會成本與隱藏成本，大致可包括三方面，茲分述如下：
   ⑴ 學生收入損失。
   ⑵ 賦稅減免的成本。
   ⑶ 租金與貶值的損失。

四、教育經費的籌措來源

教育成本雖有直接與間接之分，但一般所討論的教育經費則屬於直接成本，教育機關為維持教育事業的運作，籌措資金的管道來源有五，茲分述如下：

1. 賦稅收入：無論是統收統支制或是經費獨立制的國家，賦稅乃是最重要的教育經費來源。

2. 學費收入：學生因就學得到個人利益，故必須負擔部分成本。因為義務教育經費由國家支付，學生負擔比例極少。但學費收入卻是私立學校主要經費來源。

3. 捐獻收入：學校為公益團體，故可以接受各界捐獻，惟捐獻形式可分為有條件與無條件兩種。

4. 借貸收入：在某些國家如經費不足時，可允許教育行政單位向銀行借貸或發行教育公債。採統收統支制的臺灣，部分資金來源也靠國家發行公債，但不允許教育行政機關單獨發行。

5. 營運收入：學校乃公益團體，並不允許從事商業行為。但其附屬單位如醫院、農場、林場、體育場、成人教育中心、福利社等皆可以提供產品或服務來對外收費，再納入學校經費中，惟其有規定一定數量的金額。

教育經費政策模式

政府模式

· 理念：公共利益與促進平等
· 例子：OECD 的國家

市場模式

· 理念：市場競爭與使用者付費
· 例子：美、日、韓、澳等四國

教育成本的種類

直接成本
1. 就學所需住校食宿與制服的費用
2. 通勤上學的交通費
3. 教科書、文具、運動器材的費用等

間接成本
1. 學生收入損失
2. 賦稅減免的成本
3. 租金與貶值的損失

教育經費來源

賦稅收入

學費收入

營運收入

借貸收入

捐獻收入

Unit 4-3
教育經費的分配原則

一、教育經費的分配原則

　　教育經費牽涉到兩個基本原則，茲分述如下：

1. 績效原則：運用有限資源創造最高的效益。
2. 平等原則：藉著經費分配的不同方式，以達成不同需求與背景學生的受教公平性。

　　教育績效與平等兩原則有時候實難兼顧，例如：多數人都同意個別學生的平等受教權，但在資源不足的情況下，挪用一般學生經費而加倍使用於特殊教育，則往往引起分配比重上的爭議。

二、教育經費的補助模式

　　為使教育財政制度更具公平性，各國多半設計不同的補助制度以應所需。以下即敘述二戰後美國採用的教育補助方式，茲略述如下：

1. 單位補助制：係以學生數或班級數為補助標準。又可分為兩類：
   (1) 齊一型單位補助：不論被補助者背景之差異，採取一個蘿蔔一個坑的作法，完全按其學生數或班級數補助。
   (2) 變化型單位補助：多少考慮不同班級的資源需求差異。例如：給予每個中學生補助 5000 元，小學生則只有 4000 元。
2. 基礎補助制：州政府依據學區徵稅（主要為財產稅）之能力，訂定一主觀的最低徵稅比例，並依此來補助未達州定之每生支出標準。
3. 比率均等補助制：州訂定一固定的補助比率，然後再依各學區貧富程度撥發金額。
4. 保障稅基制：屬於稅基均等化的教育補助方式，係依據各學區稅基的高低程度，而有不同的補助。由州統一設定保障稅基值，目的

在提升納稅人公平，避免產生高財力低稅率或低財力高稅率的不均。

5. 保障收益制：屬於稅基均等化的教育補助方式。與保障稅基相較，保障收益制是依據各學區稅率，若增加 1% 的稅率，就可相對增加定額的補助款，因此學區徵收稅率越高，能獲得的保障租稅收益值亦隨之升高。
6. 州經費集中制：為完全消除學區間貧富不均現象，部分學者即倡導此制，由州來負擔所有學區之教育經費。
7. 教育券補助制：每個家庭依貧富高低可得到不等價值的教育券，並持之以選讀所喜歡的私立或公立學校。

三、補助經費的類型

1. 補助經費可依用途是否受限，分為兩類，茲分述如下：
   (1) 一般補助：運作上不限定用途，被補助者可依各種教育需求自由支應。補助款通常依照法規所訂定的特定公式（公式型）來決定，以平衡各地方財政能力不均的問題。
   (2) 特定補助：運作上多半限於推行特定教育政策，原則上不可挪作他用（專款專用原則）。補助款可分為公式型與計畫型兩種。
2. 補助金額依照是否要求配合相關條件，分為兩類，茲分述如下：
   (1) 整額補助：補助時無要求配合條件。
   (2) 配合補助：需有一定的配合條件，其中包括配合款之自行籌措等。依金額有無上限，又分為限額補助與不限額補助。

教育經費分配原則

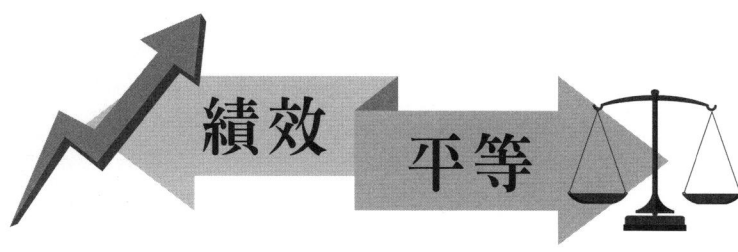

績效　平等

教育經費補助模式

單位補助制 ── 齊一型單位補助
　　　　　　── 變化型單位補助

基礎補助制　　　保障稅基制　　　州經費集中制

比率均等補助制　　保障收益制　　　教育券補助制

補助經費的類型

用途限制與否

- 一般補助：以公式型為主。
- 特定補助：包括公式型與計畫型兩種。

相關條件配合與否

- 整額補助：不要求配合條件。
- 配合補助：要求配合條件。分為限額補助與不限額補助。

Unit 4-4
臺灣教育財政制度改進的議題

080

茲將臺灣目前與教育經費相關的財政制度之現況與解決辦法分述如下：

一、經費來源與籌措
（一）現況
臺灣目前的教育經費主要負擔者為中央、直轄市與縣（市）。在 2011 年後，中央負擔比例約在 10–11% 左右；直轄市約在 30% 以上；縣市政府更高達 35% 以上。顯示縣市教育經費負擔沉重，擠壓其他部門經費，造成支出比例上的不平衡，影響地方建設發展。
（二）解決辦法
除開闢縣市之財源外，上級單位與籌措經費的配套措施亦需要妥善規劃。

二、經費補助政策
（一）現況
臺灣的教育經費補助政策，雖然「教育經費編列與管理法」第 8 條規定：中央政府對地方政府之教育補助分為一般教育補助及特定教育補助：1. 一般教育補助，用於直轄市、縣（市）政府所需之教育經費，不限定其支用方式及項目，並應達成教育資源均衡分配之目的。2. 特定教育補助，依補助目的限定用途。其補助公式仍停留在以學生數、班級數或學校數為參數的單位補助制。
（二）解決辦法
行政院教育經費基準委員會應先確立目標，審慎訂定相關補助公式並加以執行。

三、經費分配
（一）現況
依據「財政收支劃分法」第 3 條規定：全國財政收支系統劃分如下：1. 中央；2. 直轄市；3. 縣、市；4. 鄉、鎮及縣轄市。第 16–1 條第 4 項則明訂由縣統籌分配鄉（鎮、市）之款項，應本調劑財政盈虛原則，由縣政府訂定分配辦法。我國經費分配有地方政府教育經費負擔過重、高等教育經費分配過高而未能符合均等原則，以及農業海事相關職業教育經費不足問題。
（二）解決辦法
應從修改「財政收支劃分法」著手，提高中央政府教育經費負擔比例，以減輕地方政府教育經費負擔；此外，可仿效中國大陸的作法，鼓勵民間企業投資教育。

四、經費運用
（一）現況
臺灣的教育經費在資本門與經常門支出項目比例失衡，人事費的支出擠壓其他經費支出的比例；公立學校在公務預算體制下，經費運用較缺乏彈性，學校亦未賦予充分財務經營的權力與責任，導致資源使用效率不彰，而且易造成浪費的情況產生。
（二）解決辦法
審慎評估經費運用在資本門與經常門的差異性，列入「教育經費編列與管理法」中；此外，學校可以多加利用校務發展基金，同時考量將經常性經費和用途納入基金規劃項目中實施。

五、臺灣的教育財政改革措施
臺灣的教育財政改革措施可分為中央、地方政府與學校二個層級，茲分述如下：

（一）中央層級

1. 教育經費的保障。
2. 協調機制的建立。
3. 經費計算的公式。
4. 經費監督的機制。
5. 教育財務的公開（透明化）。

（二）地方與學校層級

1. 地方政府教育發展基金的成立。
2. 學校校務發展基金的運作。
3. 學校財務的監督與評鑑。

臺灣教育財政制度改進的議題

經費來源與籌措	經費補助政策	經費分配	經費運用
除開闢縣市財源外，並由上級主管機關擬定籌措經費的相關配套措施	行政院教育經費基準委員會應先確立目標，審慎訂定相關補助公式並加以執行	修改財政收支劃法著手，提高中央政府教育經費負擔比例；亦可鼓勵民間投資	審慎評估經費運用在資本門與經常門的差異性；並多加利用校務發展基金

臺灣教育財政改革措施

中央層級
1. 教育經費的保障
2. 協調機制的建立
3. 經費計算的公式
4. 經費監督的機制
5. 教育財務的公開(透明化)

地方與學校層級
1. 地方政府教育發展基金的成立
2. 學校校務發展基金的運作
3. 學校財務的監督與評鑑

第 5 章

教育視導

　　教育視導乃是基於確保教育品質的一定水準所執行的觀察、評鑑、輔導等行為。一般而言，有怎樣的校長，就有怎樣的學校；而有怎樣的視導，就會有怎樣的教師，此乃因透過視導制度可以協助改善教師的教學活動。

　　本章先敘述教育視導的定義、演進、功能與任務，再分別介紹以中央集權式較為完備的法國與以地方分權式較為完備的英國視導制度，兼述及臺灣的視導制度。最後，則分別論述傳統視導模式與新興視導模式。

Unit 5-1
教育視導的定義與演進

圖解教育行政實務

084

一、教育視導的定義

　　視導者對於教育活動，藉觀察、評鑑、輔導等步驟，提供協助與指導，並與被視導者共同合作改進的歷程。

二、教育視導的特性

　　教育視導具有四項特性，茲分述如下：

1. 協助改進教育活動：視導的最終目的乃在改進教育活動，而不僅是在考核與打分數。
2. 擴大視導活動範圍：視導者的身分由以往官派色彩極濃的「督學下鄉視導」，逐漸演變成今日的「教師同僚視導」（由權威→專業；由督學→教師）。
3. 講究對等合作關係：視導者與被視導者間應具有「合作的關係」，方能對症下藥（講究雙方平等地位）。
4. 運用各種有效策略：成功的教育視導必須運用有效的觀察、評鑑、輔導等策略，使教育視導能兼顧科學與藝術。

三、教育視導的演進

　　學者Sergiovanni與Starratt將教育視導的發展分為四個階段，茲分述如下：

（一）傳統科學管理期

1. 受專制理念影響，將教師視為是部屬，必須完全聽命於行政人員。
2. Taylor的科學管理理論盛行，使視導者將視導視為是評鑑效能的活動。
3. 視導者高高在上，強調嚴密控制學校運作，確保符合法令規定。
4. 此時期的視導活動多半有「視」無「導」，被視導者鮮少獲得協助以改進教育活動。

（二）人際關係期

1. 霍桑研究（Hawthorne Study）的結果使學者開始注意員工心理因素與非正式團體的影響。
2. 不再將教師視為是被動的棋子，而開始注意其感受。
3. 除了工作績效的考核外，對於組織氣候的良窳也列入觀察要點。
4. 視導者此時鼓勵教師參與決策，在實務上也開始傾向支持與協助教師。

（三）人力資源視導期

1. 強調教師不是被動死寂的客體，只要加以引導，即可在專業上有所成長。
2. 視導者應發掘與培養教師潛力，共同尋求增進教育效能的策略與方法。
3. 「視導者放下身段與教師協調」的理念，乃是本時期的一大特色。

（四）新科學管理期

1. 平衡科層體制（學校）與專業團體（教師）之間所產生的矛盾。
2. 為確保教師的表現達到一定水準，適度的干預與監控是必要的。
3. 除了保存傳統的官方代表外，教師團體也被鼓勵成立專業小組，自我對教育活動加以衡鑑。
4. 此時期特色乃在於「將視導活動推及於專業團體中」。

四、人際關係與人力資源視導的比較

　　人際關係與人力資源視導期兩者最大的不同，乃在人際關係期的視導主要目標是為增進教師的滿足感，並因此而促進學校效能的次要目標；而人力資源視導期正好相反，認為促進學校效能為主要目標，增進教師滿足感才是附屬目標。

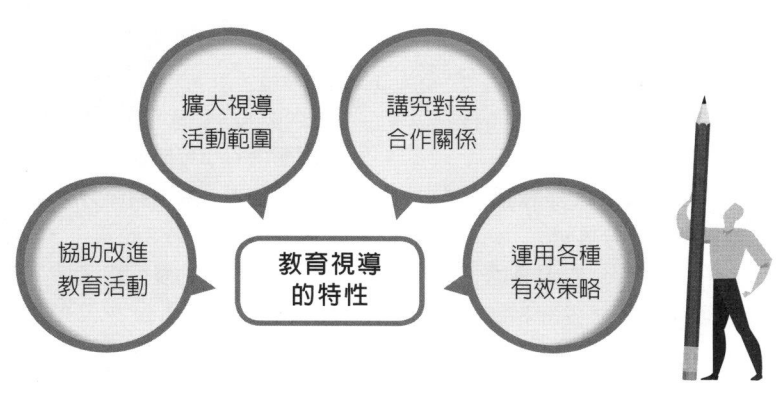

教育視導
的特性

擴大視導
活動範圍

講究對等
合作關係

協助改進
教育活動

運用各種
有效策略

教育視導的演進

傳統科學
管理期

人際關係期

人力資源
視導期

新科學
管理期

- 教師部屬
- 上級視導
- 絕對權威
- 有視無導

- 心理需求
- 注重感受
- 組織氣候
- 教師參與

- 引導教師
- 共同增能
- 放下身段
- 協同合作

- 平衡矛盾
- 適度干預
- 專業小組
- 自我衡鑑

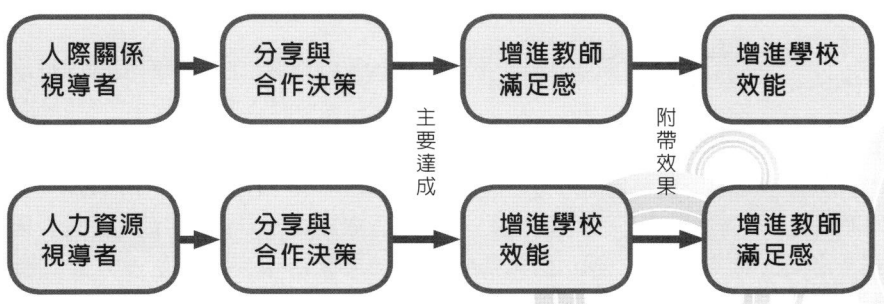

人際關係與人力資源視導的比較

人際關係
視導者 → 分享與
合作決策 → 增進教師
滿足感 → 增進學校
效能

主要達成

附帶效果

人力資源
視導者 → 分享與
合作決策 → 增進學校
效能 → 增進教師
滿足感

Unit 5-2
教育視導的功能與任務

一、教育視導的功能

教育視導的功能依時代變遷而有所不同，但主要不離五種，茲分述如下：

1. 確保教育活動的合法性：視導者除負責監督各級教育機關是否切實遵守相關教育法令與政策外，尚須解釋或宣達國家教育的法令與政策，以使下級機關能正確無誤的加以執行。

2. 扮演溝通的角色：視導者在監督之餘，亦須了解下級機關的心聲與問題，將其上報並加以解決，在兩者之間搭起溝通的橋梁，使得「下情上達」，才能收劍及履及之效。

3. 執行品管的工作：視導人員有執行品管工作之責，依一定標準評定學校辦學高下，以作為日後獎懲之依據，目的在保護受教者的權益。

4. 幫助教師專業成長：視導者應藉視導活動之執行（如教學觀摩會），幫助教育人員（教師）提升其專業能力，因此教育視導必須「視」、「導」合一才夠完整。

5. 激發教師工作動機：鼓勵教師參與視導，共同解決學校問題，由於是親身參與，較能提升其歸屬感與自我實現感，進而激發其工作動機。

二、教育視導的任務

現代教育視導的任務應包括六方面，茲分述如下：

1. 了解特定學校環境中，其所顯示的組織行為類型與其背後的意義。

2. 了解學生的學習成就高低與其背後成因。

3. 了解教室中，師生關係與所產生的行為。

4. 了解在既有之法令政策下，何種課程教法才能配合學校的現行結構與限制。

5. 了解學校行政人員在管理校政上是否合法？其績效是否達到一定標準？

6. 了解發生問題後，學校自我診斷與解決的能力為何？應如何幫助教師提升其專業能力？

三、教育視導人員的角色

學者Wiles與Bondi主張視導人員應扮演以下八種角色，茲分述如下：

1. 人力發展者：能夠善用人力，發掘其潛能以解決相關的教育問題。

2. 課程發展者：能夠依據需求，制定與設計學校的課程及教材。

3. 教學的專家：能夠擁有教學的知識與技巧，協助改進學校的班級教學。

4. 社交協調者：能夠擁有人際相處之技巧，幫助學校之成員關係趨於和諧發展。

5. 員工發展者：能夠配合實際需求，安排各項在職訓練，以提供學校員工發展專業的機會。

6. 行政管理者：能夠擁有極強的行政能力，以協調與溝通視導過程中所發生的問題。

7. 變革管理者：能夠配合時代的潮流與學校的需求，發動並執行變革活動。

8. 客觀評鑑者：能夠客觀的評量各種教學效能與學生成就。

教育視導的功能

確保教育活動的合法性	扮演溝通的角色	執行品管的工作	幫助教師專業成長	激發教師工作動機

教育視導的任務

1. 了解特定學校環境中，其所顯示的組織行為類型與其背後的意義

2. 了解學生的學習成就高低與其背後的成因

3. 了解教室中，師生之關係與所產生的行為

4. 了解在既有之法令政策下，何種課程教法才能配合學校的現行結構與限制

5. 了解學校行政人員在管理校政上是否合法？其績效是否達到一定標準？

6. 了解發生問題後，學校自我診斷與解決的能力為何？應如何幫助教師提升其專業能力？

教育視導人員的角色

人力發展者	課程發展者	教學的專家	社交協調者
員工發展者	行政管理者	變革管理者	客觀評鑑者

Unit 5-3
法國教育視導制度

一、教育視導制度的類型

　　教育視導體制可分為中央集權與地方分權兩型，在世界各國中，教育視導制度以中央集權制的法國與地方分權制的英國最為完備。

二、法國中央集權式的視導制度

　　法國屬於中央集權式的「中央、大學區與省」教育行政三級制，其視導制度亦依此劃分，茲分述如下：

(一) 中央層級

　　設「督學處」，其督學有兩種類別，茲分述如下：

1. 中央教學督學（簡稱IGEN）

　　(1)成員資格：由教育部長提名，呈請總統任命國內具有資深且表現良好的教學與行政資歷者。

　　(2)管轄範圍：幼兒園至高中。

　　(3)分組依據：根據「教育階段」（學前、初等）與「科目」（數學、特殊教育）而定。

　　(4)視導對象：與教學活動有關的人、事、物，接觸到個別教師的機會較多。

　　(5)工作任務：維持教育活動的學術與專業水準外，最引人矚目的是「對個別教師的考核權」（限於人力，近年來對象限於試用教師與出現特殊問題的教師），茲將其任務分述如下：

　　　①教師的徵募與訓練。

　　　②檢視各級學校的教學活動。

　　　③視導個別教師，並鼓勵參加在職進修。

　　　④協助制定各級學校（幼兒園至高中）的各科課程大綱。

　　　⑤維持行政體系與學校之間雙向溝通的管道。

2. 中央行政督學（簡稱IGAEN）

　　(1)成員資格：由教育部長提名，呈請總統任命，與中央教學督學相仿。

　　(2)管轄範圍：自幼兒園至大專院校。

　　(3)分組依據：主要是視導學校的預算、財政與行政事務做任務編組。

　　(4)視導對象：學校或教育機構，接觸個別教師的機會較少。

　　(5)工作任務：限於非教學的教育事務。如有需要，IGEN與IGAEN可要求相互支援，以臨時編組的方式進行視導工作。

(二) 大學區層級

1. 各科督學

　　(1)成員資格：由教育部長提名，由內閣總理任命。

　　(2)管轄範圍：教師進修與成人教育。

　　(3)工作任務：建立與管理教師進修制度、成人教育，以及提供教育資訊。

2. 大學區督學

　　(1)成員資格：由教育部長提名，由內閣總理任命。

　　(2)管轄範圍：初等教育與中等教育。

　　(3)工作任務：雖稱為大學區督學，但有點名不符實，主要監管省級的初等教育事務，以及中等學校的財務和行政事務，地位與影響力不下於各校校長。

(三) 省層級

　　設置省督學，數量最多，茲分述如下：

1. 成員資格：由大學區總長提名，報請教育部長任命。需接受一定時期之嚴格訓練，期滿考試及格與試用期滿後才能正式取得職位。

2. 管轄範圍：學前至中等教育。

3. 分組依據：依需求設立，以執行特殊業務。
4. 視導對象：學前與初等教育教師，以及中等學校的各學科教學之建議權。
5. 工作任務：視導包括師資培育、學校建築、校車問題，乃至聘用半時制的教職員等。

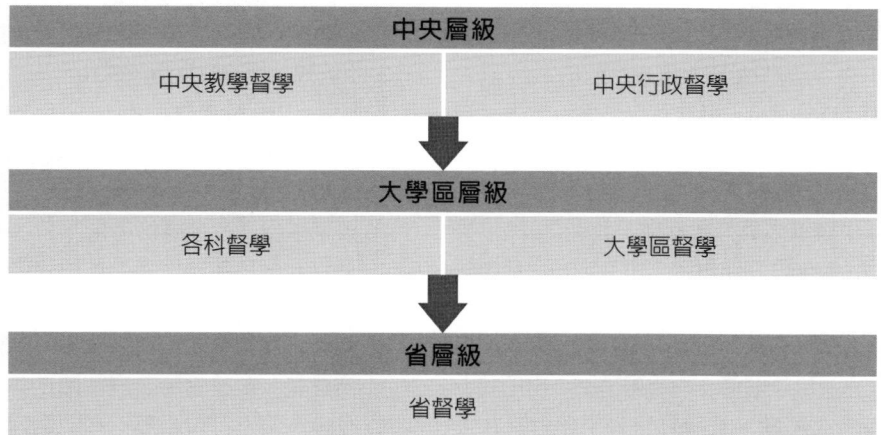

法國教育視導制度

中央層級	
中央教學督學	中央行政督學

大學區層級	
各科督學	大學區督學

省層級
省督學

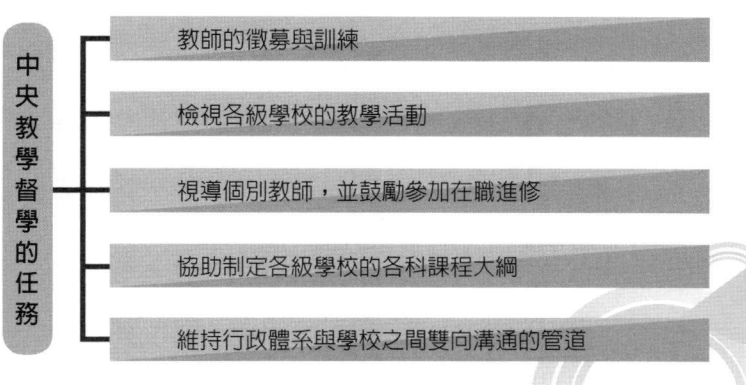

中央教學督學的任務

- 教師的徵募與訓練
- 檢視各級學校的教學活動
- 視導個別教師，並鼓勵參加在職進修
- 協助制定各級學校的各科課程大綱
- 維持行政體系與學校之間雙向溝通的管道

Unit 5-4
英國教育視導制度

圖解教育行政實務

一、英國視導制度的起源

英國督學職位遲至1839年才設立皇家督學體制（HMI），其職位多屬於顧問性質，並不具有強制學校遵行法律條文的權力。進入20世紀後，HMI視導原則才有所確定。1992年教育改革法案公布前，皇家督學負責中央教學視導工作，乃獨立運作不受政治干擾之職位；教育改革法案公布後，政府設立教育標準署（Ofsted），專責教育視導工作，其教育標準署之首長稱皇家督學長（HMCI）。截至2012年，Ofsted有數百名行政人員與視導人員，其中視導人員分為五類，分別為200位皇家督學、2100位註冊督學（RI）、7000位小組督學（TI）、1350位未具教育專業背景的督學（LI）與額外督學（AI）。額外督學是標準局與外部企業公司簽訂合約聘僱而來，由於其多未具備教學經驗，且撰寫報告的能力實在太差，在2015年有40%的額外督學不被續聘。

Ofsted於2015年6月發布學校視導重大改革，包括：⑴發布共同視導架構；⑵引入新型短期視導；⑶進行視導人員改革。Ofsted將取消外包公司約聘僱用，改以直接僱用，未來申請擔任視導者，將從經評定優良或卓越的教育人員中選拔擔任。目前，Ofsted的督學，包括皇家督學、監察督學、早期（教育）督學，以及直屬督學等，歡迎有志之士申請審核。

二、英國地方分權式的視導制度

英國屬於地方分權式的「中央與地方當局」教育行政二級制，其視導制度亦依此劃分，主要以英格蘭和威爾斯為主，茲略述如下：

（一）中央層級的皇家督學

1. 成員資格：大學畢業具10年以上教學經驗並通過英國文官考試及格者，初任督學經試用2年期滿成績及格者，則由英國國王（女王）正式任命。
2. 管轄範圍：主要為公立學校和公共學校，亦涉及學前教育、師資培訓和幼兒社會福利。
3. 分組依據：根據教育階段或任務編組。
4. 視導對象：學校與教師。
5. 工作任務：HMI的法定並無明文規定，然從其歷年的運作上，大致可分為：
   ⑴ 視察：包括非正式的訪問學校、定期視察，乃至於配合地方教育行政當局作全國性的課程評鑑等。
   ⑵ 建議：將觀察結果，依專業判斷作成具體建議，並分送給政府部門、各教育委員會、地方行政當局、教師團體、教育專業機構等。
   ⑶ 撰寫報告：視導報告形式由最簡單的內部備忘錄、學校視察報告，乃至於針對課程教學與考試的全國性報告都有。
   ⑷ 訓練：在某些時期必須配合政策，制定並提供有關教師在職進修短期的課程。
   ⑸ 行政業務：包括給予高等級成人教育課程的核准、向教育科學部報告各級教育系統的效率及成果，以及提出建言等。

（二）地方層級的地方督學

1. 成員資格：擁有教職經歷若干年，且具備視導領域專業知識。
2. 管轄範圍：由LEA任用。

3. 分組依據：依LEA針對學校需求，進行任務編組。
4. 視導對象：學校與教師。
5. 工作任務：與HMI相似，主要是在人事及課程方面提供建議、幫助地方教育當局蒐集教育資料，以及負責與HMI聯絡共同解決問題等。

英國教育視導制度

中央層級（教育標準署，Ofsted）				
皇家督學	監察督學	直屬督學	早期督學	額外督學

地方層級（地方教育行政機關，LEA）
地方督學

英國皇家督學主要任務

視察	非正式的訪問學校、定期視察，乃至於配合地方教育行政當局作全國性的課程評鑑等
建議	將觀察結果，依專業判斷作成具體建議，並分送給政府部門、各教育委員會、地方行政當局、教師團體、教育專業機構等
撰寫報告	視導報告形式由最簡單的內部備忘錄、學校視察報告，乃至於針對課程教學與考試的全國性報告都有
訓練	在某些時期必須配合政策，制定並提供有關教師在職進修短期的課程
行政業務	包括給予高等級成人教育課程的核准、向教育科學部報告各級教育系統的效率及成果，以及提出建言等

Unit 5-5
臺灣教育視導制度（Ⅰ）

一、臺灣視導制度的起源

　　臺灣的教育視導制度起步較晚。清光緒32年頒訂學部官制，設有視學官一職，雖未實行，但可視為臺灣現代視導制度的濫觴。民國肇始，政府於1913年公布視學規程，並設視學處，其後，有關體制與名稱迭經變更，至1943年，改視察員之職位為督學，並於各級政府內設督學室。目前臺灣的視導機關，包括中央層級的教育部國民與學前教育署設有視察室，地方政府（包括直轄市與縣市政府）則設有督學室，而國民教育輔導團與師培機構輔導制度則屬於視導後輔導，有興趣的讀者請自行參閱其他學者之大作。

二、臺灣視導制度之設計

　　臺灣目前採用中央集權式的「中央與地方縣市」教育行政二級制，目前設有督學室者僅於直轄市與縣市地方政府。教育部自2013年配合行政院進行組織再造，並為因應12年國教之實施，將原來之國民教育司與中等教育司，改制為「國民與學前教育署」。由於教育部組織法中並無設置督學室之規定，因此配合行政院組織再造後，廢除非法定之督學室，於國教署之內成立視察室，成為中央單位的視導機關。

（一）中央與地方視導的組織職掌

　　茲依組織職掌將中央、直轄市與縣市視導組織概述如下：

1. 中央層級：國民與學前教育署置視察室，編制員額5位之簡任視察，擔任分區召集人，並置總召集人由署長核派之，負責行政視導、教學視導或其他專案視導。聘任督學若干名，依任務需要遴聘優秀現職或退休教育人員擔任行政督學與課程督學。

2. 直轄市層級：於直轄市教育局內設督學室。以臺北市政府為例，督學室預算編制員額11人，目前設主任督學1名，綜理業務；督學8名，分區視導各級學校。此外，也邀請退休校長擔任聘任督學，協助分區與分類之視導工作。

3. 縣市層級：於縣市教育處內設督學室，以新竹縣為例，目前設置督學2名，分區負責視導業務；專員1名，主要分擔偏鄉視導業務。另聘任督學數名，以退休校長為主，除1位總理全縣國中視導業務外，其他則協助督學進行分區視導工作。

（二）中央與地方的視導範圍

　　在視導範圍方面，根據相關計畫規定，茲略述如下：

1. 國民與學前教育署的簡任視察
　⑴督導所轄之國立及私立高級中等學校與國立大學附屬高級中等以下學校。
　⑵必要時，協調或協助直轄市教育局及各縣（市）政府督導所轄各機關學校之教育相關聯絡事項。

2. 直轄市教育局的督學
　⑴所屬市立大學、公私立高中、高職、國中、國小、幼兒園、特殊教育學校、進修學校及社區大學。
　⑵本局所屬各機關及機構。
　⑶經本局立案之補習班。

3. 縣市教育處的督學：與教育局類似，以視導縣內國中小為主。

臺灣教育視導制度起源

1906 年
光緒 32 年頒定學制,設有視學官一職,為臺灣現代教育視導的濫觴

1913 年
公布視學規程,並設視學處,其後名稱迭有變更

1943 年
改視察員之職位為督學,並於各級政府內設督學室

2013 年
配合行政院組織再造,廢除教育部督學室,改設視察室

中央與地方視導的組織職掌

中央層級	教育部國民與學前教育署
簡任視察	

直轄市層級	臺北市政府教育局
主任督學	

縣市層級	新竹縣政府教育處
督學	

中央與地方的視導範圍

國民與學前教育署簡任視察	1. 督導國立及私立高級中等學校與國立大學附屬高級中等以下學校 2. 必要時,協調或協助直轄市教育局及各縣(市)政府督導所轄各機關學校之教育相關聯絡事項
直轄市教育局督學	1. 所屬市立大學、公私立高中職、國中小、幼兒園、特教學校、進修學校及社區大學 2. 本局所屬各機關及機構 3. 經本局立案之補習班
縣市教育處督學	與教育局類似,以視導縣內國中小為主

Unit 5-6
臺灣教育視導制度（II）

圖解教育行政實務

094

（三）中央與地方視導工作的執行
1. 國民與學前教育署的簡任視察
　（1）定期視導：訂定學年度教育視導重點項目，規劃分區、分類視導，分述如下：
　　① 行政視導：重大教育施政方案之推動督導及學校校務評鑑缺失後續追蹤輔導。
　　② 教學視導：配合各學科及群科中心等單位、聘請教學卓越團隊、教師教學專業社群等教學專長團隊或師鐸獎得獎教師、教學輔導教師，實施教學演示、教學觀察與回饋辦理成效進行視導，並提供教育新知。
　（2）專案視導：部長及署長交辦事項或配合業務主管單位簽辦之專案；必要時，得聘請學者專家參與。
2. 直轄市教育局督學：以臺北市106學年視導工作計畫為例，其視導工作分述如下：
　（1）駐區視導：將本市各級學校依行政區分為12視導區，每1~2區置駐區視導督學1名。其視導方式如後：
　　① 教學視導
　　② 行政視導
　　③ 協同視導
　　④ 綜合視導
　　每位駐區視導督學得訂定該區年度視導計畫，擇定工作重點、發展視導區教育特色，參照施政重點視導項目、對各校深入了解，協助學校解決困難問題，並在視導區內整合資源網絡、分享各校優良事蹟及措施，協助學校建立夥伴合作關係。
　（2）諮詢視導：聘任督學依學校實際需要或會同視導督學進行諮詢視導。

　　③ 其他：私立幼兒園及補習班則由業務科協同督學室視需要進行協同視導。
3. 縣市教育處督學：多數僅列出督學室組織或工作職掌，但基本上皆以督學及專員執行分區視導工作為主要任務。

三、視導人員的權限
（一）糾正權
　　遇有違反教育法令規定者，視情節輕重，除應即時糾正外，並簽請相關業務單位依規定辦理。
（二）調閱權
　　視導時，可調閱簿冊及相關資料，學校必須加以配合。此外，亦可調閱學生成績。
（三）輔導權
　　聘任督學大部分皆是具有豐富經驗的退休校長，可以對學校行政及教學予以輔導。
（四）變更授課權
　　必要時，得臨時商洽學校變更授課時間。
（五）召集會議權
　　必要時請校長召開行政人員座談會，並於視導結束後，召開視導檢討會。亦可邀集地方熱心教育人士開會，徵詢教育意見。
（六）建議獎懲權
　　視導期間，發現學校辦理校務績效卓越者，除予以公開表揚外，亦得簽請獎勵；如發現學校有績效不彰、經營不力或教學怠忽情形者，應輔導督促其有效改善，除列入年度考核外，並得簽請懲處。
（七）建議補助權
　　遇有學校急需改善教學軟硬體設施，專案簽請鈞長優先交辦業務單位，核補經費辦理。

中央與地方視導工作的執行

國民與學前教署 簡任視察	直轄市教育局 督學	縣市教育處 督學
1. 定期視導 　(1) 行政視導 　(2) 教學視導 2. 專案視導	1. 駐區視導 2. 諮詢視導 3. 其他：協同視導	● 駐區視導 

視導人員的權限

- 糾正權
- 調閱權
- 輔導權
- 變更授課權
- 召集會議權
- 建議獎懲權
- 建議補助權

Unit 5-7
教育視導模式（Ⅰ）

圖解教育行政實務

096

　　隨著社會思潮不斷演進，傳統上對下的教育視導形式受到極大挑戰，雖世界各國多保留正式視導機關，但因傳統模式不符合時代需求，因此新興理論不斷興起。茲將傳統理論與繼之而起的新興模式——同僚模式——做比較，以了解傳統模式被新興模式所取代之原因。

一、傳統的視導模式

　　傳統模式不符合時代需求的主要原因有三點，茲分述如下：

1. 缺乏專業視導能力：官方代表人少事繁，對於行政視導已經疲於奔命，遑論教學視導；加上對學科專業知識匱乏，使其說服力大打折扣。
2. 無法符應學校需求：學校有特殊背景，上自校長領導風格，下至學生學習動機，各不相同，官方視導模式制式刻板，不能滿足學校真正需求。
3. 強調上級下屬關係：傳統模式往往視教師為部屬，必須毫無保留地接受批判。因此教師習慣上對下溝通形式，養成多一事不如少一事的消極心態。

二、新興的視導模式：同僚視導

（一）定義

　　結合兩位以上教師，藉由觀察彼此教學活動，並提供回饋批評的歷程，以達到專業成長的目標。

（二）特點

　　同僚視導與傳統視導比較，具有以下特點：

1. 主張平等關係：主張加入教師彼此地位平等，完全以專業的素養為取決的標準。

2. 重視彼此合作：以各教學主體的結合，由教師彼此以專業判斷、互相觀摩，並給予回饋的方式實施，彼此互相合作，以增進學生學習成效。
3. 強調專業自主：教師是最能了解教學活動的人，對於所處班級最具影響力，最能勝任視導工作。

（三）原則

　　學者Sergiovanni提供實施上的十點原則，茲分述如下：

1. 教師有給予彼此建議的權利。
2. 校長必須負擔起規劃同僚視導小組最後名單的責任。
3. 視導活動必須有一定程度的正式化。
4. 校長應提供必要的行政資源給視導小組，以使其能在教學期間正常運作。
5. 在視導過程中產生的批評，宜保留於小組內，不應與校長分享。
6. 校長不應在任何狀況下試圖蒐集小組視導後記錄他人表現的資料。
7. 每位小組成員應保存一份專業成長記錄。
8. 校長應定期與小組成員接觸，以了解其進度並分享資訊，作為日後決策參考。
9. 校長應分別定期與個別成員討論，觀察其在專業上是否有所成長，以提供協助。
10. 每2-3年應重組同僚視導小組。

（四）缺點

1. 評鑑色彩濃厚：同僚視導往往具有臧否他人的評鑑色彩，教師彼此觀察與論斷對方的尺度如何拿捏，常是極敏感的話題。
2. 偏重教學經驗：參與教師必須具備相當程度的教學經驗，否則即使費時甚多，可能也會徒勞無功，變成是任意胡為的活動。

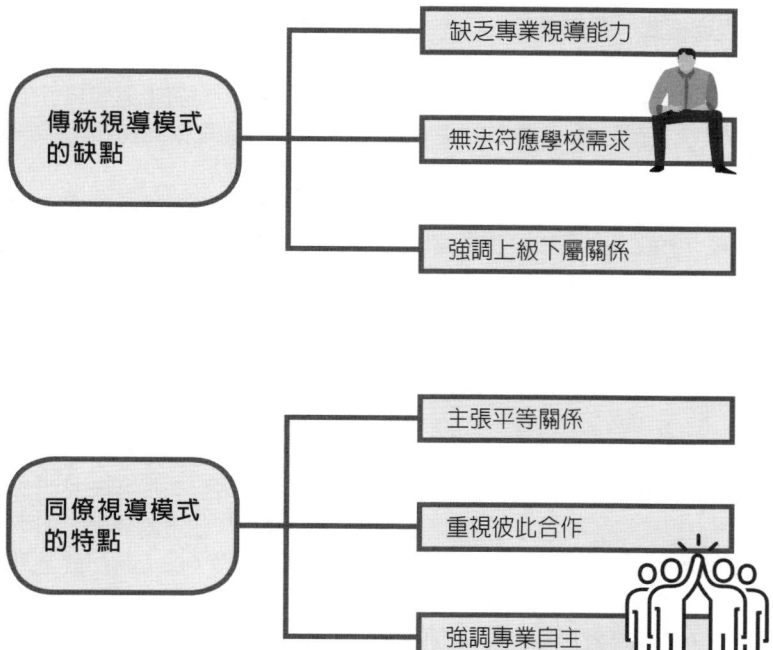

同僚視導模式的缺點

Unit 5-8
教育視導模式（Ⅱ）

圖解教育行政實務

098

三、新興的視導模式：臨床視導

（一）定義

視導者與教師合作，以互動的形式共同觀察教室內的教學行為，以診斷其缺失並提出改進之道。

（二）特點

在於「第一手觀察」，如同醫生臨床觀察並依據病情開列處方，其目的在產生立即回饋的訊息，以供執教者進行適當的改進。

（三）過程

臨床視導過程可分為五個基本階段，茲分述如下：

1. 視導前會議
   (1) 使視導者與教師之間先取得共識，並共同決定未來視導的基本方向與架構。
   (2) 視導者與教師即開始建立彼此的「協議」，在①何種資料必須蒐集；②資料如何蒐集；③視導者可被允許採取的行動；④視導者不應有的行動等項目上達成共識。

2. 教學觀察
   (1) 由教師在指定的班級中施教，視導者則開始進行觀察。
   (2) 過程中，視導者一方面了解教師的教法，一方面對其他相關項目加以審視。
   (3) 應以描述性的語言記錄整個動態的過程，切莫失之情緒化。
   (4) 視導者可對事先規劃好之項目依次描述，以事實記載為主軸，可使未來分析時有所依據。

3. 分析與策略
   (1) 觀察教學後，視導者手上已擁有相當的資料，繼之以分析與策略之工作。
   (2) 分析：檢視資料性質，去蕪存菁後，再與教師分享與溝通。

(3) 策略：視導者再就觀察期間是否符合先前協議的內容、與教師的關係，以及應觀察但力有未逮等項目加以檢討，以事先擬定準備與教師溝通之策略。

4. 視導後會議
   (1) 視導者以觀察後所蒐集的資料，與教師共同會診教學過程的利弊得失。
   (2) 視導者的資料並非評鑑報告，而只是對事實的基本描述。
   (3) 討論主題除非有必要，否則以事先協議的內容為主，不應隨意加入新議題。

5. 視導後分析
   (1) 做整個過程的檢討，以為下一次參考。
   (2) 視導者針對前四階段的進行，檢視在行政與作法上的缺失，如①教師尊嚴是否被維護；②人員配置是否得當；③教師是否積極參與視導；④給予教師之回饋是否讓其心服口服；⑤教師是否擴大職權，而扮演了評鑑者的角色等。
   (3) 視導後分析雖為此次臨床視導的結束，卻成為下次活動的起始點。

（四）回饋原則

1. 回饋時應採描述的方式而避免論斷：僅進行純粹事實描述而非總結性評鑑。
2. 回饋時應精準而避免泛泛的言論：應依項目觀察，描述避免模糊言詞。
3. 回饋時應集中在教師能力內可以改進的行為上：應以實效為重，且立即可行的。
4. 回饋時應檢視自我的動機：應以教師為主體，避免炫耀自我專業知識或建立權威。
5. 回饋應在教學行為後即時發出：必須立即給予教學建議之回饋。
6. 回饋的給予應以記錄正確的訊息為基礎：需呈現適切的記錄資料。

（五）應用原則
1. 採取漸進方式進行。
2. 調整教師授課時數。
3. 尋求專業資源協助。
4. 訓練教師自我視導。

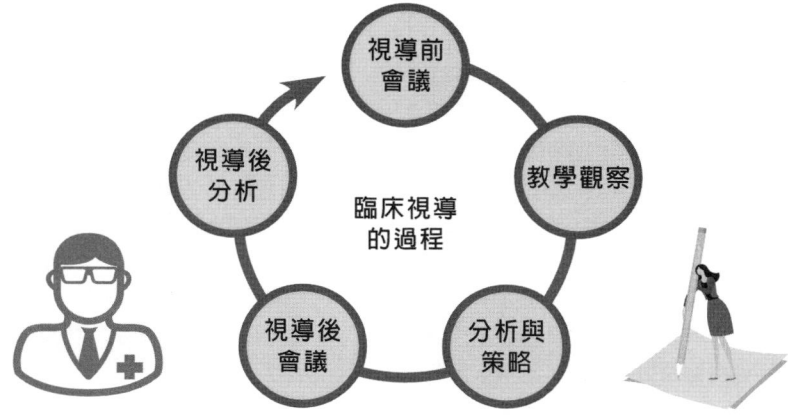

臨床視導的回饋原則

回饋時應採描述的方式而避免論斷
→僅進行純粹事實描述而非總結性評鑑

回饋時應精準而避免泛泛的言論
→應依項目觀察，其描述避免模糊言詞

回饋時應集中在教師能力內可以改進的行為上
→應以實效為重，且是立即可行的

回饋時應檢視自我的動機
→應以教師為主體，避免炫耀自我專業知識或建立權威

回饋應在教學行為後即時發出
→必須立即給予教學建議之回饋

回饋的給予應以記錄正確的訊息為基礎
→需呈現適切的記錄資料

臨床視導應用原則

採取漸進方式進行　　調整教師授課時數
尋求專業資源協助　　訓練教師自我視導

Unit 5-9
教育視導模式（Ⅲ）

四、新興的視導模式：個人視導
（一）定義

原則上，教師先自我訂定目標，並經與校長或其他校內同事研商後進行，過程中記錄教學行為的資料，最後再參照事前設定的目標而提出改進建議。

（二）特點

在於教師獨自擔綱的分量比同僚和臨床視導明顯較多，在事前目標設定與事後效果評估上，校長會與其他專家介入提供意見，避免教師過於獨斷妄為以至於毫無成效。

（三）過程

個人視導過程可分為五個基本階段，分述如下：

1. 目標設定：教師先根據往年的得失與實際需求，自訂今年所欲達成的教學目標。
2. 目標評論：校長給予教師所訂目標與時刻表一些書面意見，並要求其初步修改後，雙方再訂定舉行目標會議的時間。
3. 目標會議：教師與校長或其他專家會晤，共同探討所定目標的適切性，並做出結論的書面摘要，以供教師在實施教學時參考。
4. 評估過程：教師必須自我蒐集相關資料（方式包括錄影、學生評鑑、教學網站，與教學日誌之填寫），將其統整分類後做展示，以顯示自我的努力與成果。
5. 摘要評估：校長再與教師會面，檢視其資料與目標，以探討兩者是否相互契合，並做出建議。

（四）優點

有效運用人力，可使不願與他人共同進行視導的教師有自我成長的機會。

（五）待改進之處

1. 增強教師專業與視導能力：教師的專業與視導能力若不加強，唐突實施會造成打迷糊仗的後果。
2. 改進教師資料蒐集的技術：資料蒐集的技術需改進，應朝客觀化方向發展，否則會造成教師自吹自擂的毛病。
3. 持續追蹤進度並提供協助：校長必須鍥而不捨地追蹤教師進度，並提供必要協助，否則教師忙於日常工作之餘，配合程度自然較為低落。

五、新興的視導模式：非正式視導
（一）定義

視導者與教師間不經意接觸後的視導行為，其形式在學校中多為校長非正式的觀察教師在課堂內的活動。

（二）影響

依非正式視導的精神，歐美各國發展出教室走察的教學視導形式。茲分述其內涵如下：

1. 與一般校園巡堂不同，乃是在基於信任之前提下進行，不以考核為目的。
2. 最好經常性實施，並做短暫與結構化之焦點式教室觀察。

六、新興的視導模式：研究取向視導
（一）定義

以發現問題作為起點，接著利用各種研究方式（如實驗法、田野調查法）蒐集資料，分析後再找出解決的策略。

（二）實例

在教導孩童研究外來物種的入侵時，教材呈現方式極多，此時即可採用各種研究方法進行探討，分析歸納做出結論並分享。

個人視導的過程

目標設定

目標評論

目標會議

評估過程

摘要評估

個人視導的優點與待改進之處

優點　有效運用人力，可使不願與他人共同
進行視導的教師有自我成長的機會

待改進
1. 增強教師專業與視導能力
2. 改進教師資料蒐集的技術
3. 持續追蹤進度並提供協助

Unit 5-10
教育視導模式的分類與應用

一、教育視導模式的分類方式

（一）視導的事務

1. 行政視導：包括對教育行政與學校行政相關業務的視導。如教育行政機關的統合視導，以及學校行政機關的駐區視導。

2. 教學視導：對教師教學過程與課程規劃所進行的視導，目的在提升教師教學效果。如臨床視導與同僚視導等。

（二）視導人員的分工

1. 分級視導：由中央、直轄市與縣市政府三個層級的視導人員分別負責所屬機關、機構和學校的視導工作。

2. 分區視導：依行政區劃分視導區，每區派駐區督學專責，並以聘任督學偕同視導工作之進行。

3. 分類視導：將不同教育階段或性質的教育事業分類，再由不同人員分別視導。

4. 分科視導：以具有不同學科領域專長的人員，對學校學科教學過程與成果進行視導。

（三）視導的時間

1. 定期視導：由視導人員規劃某一段特定時間前往視導單位進行視導。

2. 不定期視導：視導人員因長官交辦或特定原因，依實際需要於不固定時間前往視導單位視導。

（四）視導的來源

1. 外部視導：由組織外部的人員所進行的視導。如督學訪視；或英國的額外督學即屬於與外部企業簽訂契約的視導人員。

2. 內部視導：由組織內部人員自身或同僚間所進行的視導。如臨床視導、同僚視導與個人視導等。

（五）視導人員的涉入

1. 臨場視導：直接親臨被視導者的工作現場進行視導工作。

2. 資料審查視導：視導者未親臨被視導者現場，僅以審查相關資料或晤談相關人員進行視導工作。

（六）視導的人數

1. 個別視導：督學個人到學校視導。

2. 小組視導：由一位以上的督學組成小組，到學校進行視導。

（七）視導的正式化

1. 正式化視導：係指有計畫與目標的一個連續過程，視導結果須提出改進或獎懲措施。

2. 非正式視導：不經意接觸的視導行為，未針對視導結果進行檢討或改進建議。

（八）視導的手段

1. 整合型視導：一項視導活動中包含許多視導類型，如駐區視導常包含分項、分類、教學、行政與協同視導等。

2. 功能型視導：視導活動僅針對特定對象或事務，如行政或教學視導即其特定事務。

二、教育視導模式的應用

（一）學校的視導形式

　　Glickman提出學校視導形式有三種：

1. 指導型：校長在過程中居主導之地位，在結構與決策上經常介入發揮影響力。

2. 合作型：強調校長與教師雙方共同分擔責任與決策，彼此互居平等的地位。

3. 非指導型：以教師為負責計畫與執行的主體，校長僅在旁提供必要的行政支援。

（二）權變型視導模式

Sergiovanni以Glickman的模式設計出一套權變型視導模式，以認知複雜度（高、中、低）與下列三個變數做組合：

1. 成熟度：分爲不成熟、成長中、成熟。
2. 責任層次：分爲依賴、自主、相互依存。
3. 教師關心點：自我、學生、專業。

視導的分類方式

視導的事務
1. 行政視導
2. 教學視導

視導人員的分工
1. 分級視導
2. 分區視導
3. 分類視導
4. 分科視導

視導的時間
1. 定期視導
2. 不定期視導

視導的來源
1. 外部視導
2. 內部視導

視導人員的涉入
1. 臨場視導
2. 資料審查視導

視導的人數
1. 個別視導
2. 小組視導

視導的正式化
1. 正式化視導
2. 非正式視導

視導的手段
1. 整合型視導
2. 功能型視導

權變型視導模式

視導形式	成熟度	責任層次	教師關心點
非指導型	成熟	相互依存	專業
合作型	成長中	自主	學生
指導型	不成熟	依賴	自我

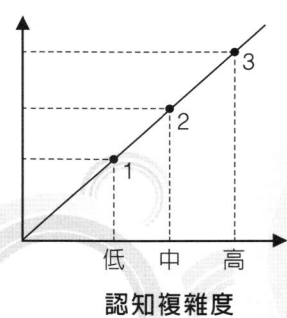

認知複雜度

第 **6** 章

教育評鑑

　　在現代教育活動中，由於教育資源日漸短絀、對公立學校辦學績效的質疑、課程與教學策略的更新，與教育自由市場化的要求等種種因素，促使教育評鑑的興起。實務上，教育評鑑牽涉到對品質與公平的追求，其過程往往影響教育的成敗，因此，如何客觀且獨立進行教育評鑑活動，已成為教育當局不可忽視的議題。

　　本章先簡述教育評鑑的發展歷史與時期，接著說明教育評鑑的定義與原則，然後探討教育評鑑的類型與模式，最後再介紹各種評鑑類型，包括後設評鑑、教師評鑑與校長評鑑等評鑑方式。

Unit 6-1
教育評鑑的發展歷史

學者Madaus與Stufflebeam主張教育評鑑可依其發展脈絡分爲七個時期，分述如下：

一、改革時期（1800–1900）

1. 大規模的評鑑活動肇始於19世紀英、美兩國，因其當時社會思潮百家爭鳴，加上工業革命、資本主義引起許多的問題，有識者試圖在教育與社會制度做改革，教育評鑑即爲手段之一

2. 例如：學者Joseph Rice採取量化的比較研究，利用標準化測驗，追求最佳的拼字教育策略，成爲美國第一個正式的教育評鑑。

二、效率與測驗時期（1900–1930）

1. 20世紀初，以Taylor爲主的科學管理學派席捲美國教育界，使系統化、標準化、與追求效率的訴求一時蔚爲主流。在此時期中，評鑑即是測驗，各校的優劣就在漫天的數字裡定江山。

2. 例如：測驗界的大師Thorndike發展出所謂的「客觀測驗」，以供各校測量學生的語文和數理能力。許多教育學區紛紛要求學校定期測驗學生，凡成績不佳者列入追蹤名單。

三、泰勒時期（1930–1945）

1. 現代課程理論之父Tyler首先將evaluation一詞應用於教育中，並將之界定爲「確定目標是否如期達成的過程」。此一時期由於經歷二戰和經濟蕭條，杜威「進步主義教育」席捲美國，引起部分傳統學校抵制。

2. 例如：Tyler進行「八年研究」，試圖分析傳統與進步主義教育的高中生入大學後的表現差異，以藉此評估進步主義的功效，此舉成爲日後大規模評鑑的先驅。

四、純真時期（1946–1957）

1. 此時期之特色爲缺乏使命感、過度樂觀、與政府未積極介入教育，遂使評鑑技術裹足不前。惟此時期較有進展的是各測驗中心之建立與標準測驗之發行。

2. 例如：成立「美國教育測驗服務中心」（ETS）。

五、擴張時期（1958–1972）

1. 蘇聯衛星於1957年升空，震驚全美。各界紛紛進行檢討，在一連串法案中均加入「評鑑條款」，規定接受聯邦經費補助之地方學區均須被評鑑，以檢驗其績效。此舉遂使以往紙上談兵的評鑑研究，真正進入實務領域，各種評鑑模式與技術皆紛紛出籠，造成百花齊放的局面。

2. 例如：由於評鑑活動大增，美國「全國評鑑研究委員會」應運而生，其對新理論、新策略發展，及提供訓練給評鑑人員方面的建樹頗多。

六、專業時期（1973–1983）

1. 自1973年開始，教育評鑑開始蛻變爲一種專業，與教育其他領域一樣自成體系。各種專業期刊如：「評鑑研究」等紛紛發行；在大學方面，「教育評鑑」已逐漸成爲一門獨立學科而開設教授。

2. 例如：美國一流名校如史丹福大學等已經開始設有教育評鑑中心的機構，以推動相關研究與訓練活動。

七、擴張與整合時期（1983 年之後）

1. 自1983年後，隨著經濟成長，教育評鑑在擴展外並積極進行整合。

2. 例如：福特基金會贊助成立「全國教育測驗與公共政策委員會」，希望幫助各州在使用教育測驗時的安當性，與評估其對學校與師生帶來的影響。

教育評鑑的發展史

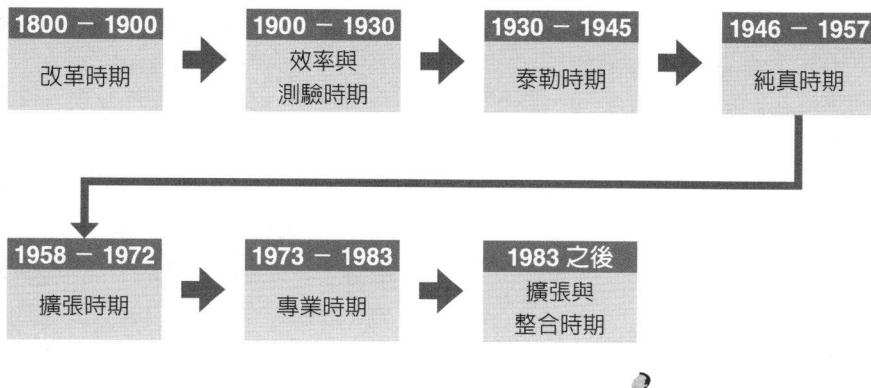

1800 － 1900	1900 － 1930	1930 － 1945	1946 － 1957
改革時期	效率與測驗時期	泰勒時期	純真時期

1958 － 1972	1973 － 1983	1983 之後
擴張時期	專業時期	擴張與整合時期

Tyler 對教育評鑑的影響

1. Tyler 將以往需涉及外部不同群體之比較，擴大至內部比較

2. 內部比較重視的是學習成果，較可抓住問題的重心

3. 由於是自我內部比較，不涉及學生之間的表現差異，因此以往著重之測驗信度並非必備

4. Tyler 的評鑑範圍比客觀標準測驗廣，可以作為自我獨立的內部比較

Unit 6-2
教育評鑑的定義與原則

圖解教育行政實務

108

一、教育評鑑定義的演變

前一單元對教育評鑑發展歷史的敘述，可以得知其定義依時代與研究者不同而有所差異，大致可分為三種，茲分述如下：

（一）評鑑即測驗
1. 代表人物：Edward Thorndike（桑代克）。
2. 基本主張：認為評鑑即是測驗分數結果的呈現，兩者並無太大差別。

（二）評鑑是目標與表現結果的比較過程
1. 代表人物：Ralph Tyler（泰勒）。
2. 基本主張：主張課程與教學的設計必須設定明確行為目標，而評鑑即是「在教育過程中去比較與確認目標與行為結果的一致性」。

（三）評鑑是專業的判斷
1. 代表人物：Daniel Stufflebeam（斯塔夫賓）。
2. 基本主張：認為評鑑不再附屬於測驗或教育研究法領域，它可以根據教育專家的判斷或是意見，而對教育體系或過程做評估與診療的工作。

二、教育評鑑的定義

教育評鑑是對於教育現象或活動，透過蒐集、組織、分析資料，加以描述與價值判斷的歷程。

三、教育評鑑的特性
1. 教育評鑑包括「價值判斷因素」：評鑑的任務不止於呈現資料，還需加以詮釋。
2. 教育評鑑包括「量與質的研究」：評鑑過程往往必須兼容並蓄量化與質化研究之發現結果，並視情況調整兩者之比例。
3. 教育評鑑「可為事前或事後的檢驗」：晚近教育評鑑會先評估計畫實施方案，其判斷對實施與否的決定具有重大影響，即具有循環的回饋功效。
4. 教育評鑑「對象包括所有教育現象或活動」：以服務課程與教學為大宗，到遍及個人、機構、制度所形成的教育現象或活動。

四、教育評鑑的原則
1. 評鑑人員專業化：評鑑者本身應具備該評鑑項目的專業知識，才能提供有效可行的建議。
2. 評鑑態度客觀化：評鑑者的態度應該要客觀中立，不能因人設事，應對事不對人。
3. 評鑑程序標準化：評鑑程序應該依照法規或計畫的標準流程進行，最好能事先預估各種可能突發狀況。
4. 評鑑方法多樣化：評鑑方法需採用多元評量方式，例如：兼採觀察、晤談、測驗、問卷等方式。
5. 評鑑時間充裕化：評鑑時間應充裕，且須作時間流程表，以免評鑑流於閒話家常或走馬看花。
6. 評鑑對象多元化：評鑑應儘量讓教師、學生，甚至家長與社區人士參與，以能更客觀的審視學校總體績效。
7. 評鑑過程民主化：評鑑過程可先讓受評者自我評鑑，應儘量讓其有充分發言機會，評鑑結論亦應准許受評者說明或申訴。
8. 評鑑結果可行化：執行完評鑑後，必須做出總結性報告並提出具體可行的措施與建議供受評者參考與改進。

教育評鑑定義的演變

評鑑即測驗

代表人物：Thorndike

評鑑是目標與表現結果的比較過程

代表人物：Tyler

評鑑是專業的判斷

代表人物：Stufflebeam

教育評鑑原則

評鑑人員 專業化	評鑑態度 客觀化	評鑑程序 標準化	評鑑方法 多樣化
評鑑時間 充裕化	評鑑對象 多元化	評鑑過程 民主化	評鑑結果 可行化

Unit 6-3
教育評鑑的類型

　　依出發點不同，教育評鑑可分爲三大類型，茲分述如下：

一、假評鑑（政治導向研究）

　　試圖以評鑑爲幌子，對所獲得的資訊作選擇性公布，以達到扭曲事實目的。可分爲以下形式：

1. 政治操控研究：藉評鑑爲幌子，以達成掠奪資源與聲譽的目標，進行選擇性公布對本身有利的資訊。

2. 公關授意研究：藉特定的公關技術，使當事者獲取有利於自我的資訊，大肆提高地位與聲譽。

二、準評鑑（問題導向研究）

　　以特定問題與對象爲主，對於評鑑工具的客觀性極爲重視，但往往不願對資料的內容做主觀價值的評述。可分爲以下形式：

1. 目標本位研究：檢視既定目標與成果間的差異，而前者可由當事者主觀認定，或是由評鑑者自我發展。

2. 實驗設計研究：多半有問題的產生與假設，接著再藉實驗的操弄，以確立自變項與依變項的關係。

3. 績效研究：資方訂定標準，並定時採用對學生進行測驗、審計學校支出等方法，如果表現不佳，校方則被要求定期改善或接受懲處。

4. 測驗計畫：1930年代，爲評量各地方學區的學生成就，各種測驗應運而生。其必須經由一定的製作過程，確立信度與效度，並產生常模。

5. 管理資訊系統：最初發展自企管領域，其形式乃是藉由資訊取得，以評估方案實施的作法，如計畫評核術（PERT）等。

三、真評鑑（價值導向研究）

　　運用各種評鑑方式檢視被評鑑對象，並做出詮釋而呈現特定的價值判斷。可分爲以下形式：

1. 認可研究：教育機構與人員基於社會需求，必須時時接受評鑑，以求社會對其地位之認可。

2. 政策研究：由於利益團體的抗爭與對效率的要求，政策實施之前必須經過分析與檢驗的步驟，然後由評鑑後從各競爭政策中選擇出最佳者。

3. 決策導向研究：對於日常的決策行爲進行評鑑（如應如何分配學校預算）。方法有調查法、個案研究法等，可幫助教育人員做出理性且副作用較小之決策。

4. 消費者導向研究：評鑑者作爲消費代理人，對於機構所提供之貨品與服務加以檢驗，最後並定出優劣順序。

5. 當事人中心研究：行動者（當事人）的自我評鑑，可以幫助執行業務的人依照既定目標，評估其服務優劣與問題所在。

6. 鑑賞本位研究：一群學有專精或在某領域卓有成就的專家，對被評鑑者提出優劣之判斷形式。

四、形成性與總結性評鑑

　　除上述評鑑外，Scriven依「功能的不同」將教育評鑑分爲兩類，茲分述如下：

1. 形成性評鑑：多用於教育活動的過程中，包括：需求評估、方案設計、彈性規劃等步驟。例如：學校段考等。

2. 總結性評鑑：在教育活動告一段落後，對其成果加以判斷。例如：教育會考等。

教育評鑑的類型

假評鑑 【政治導向研究】	準評鑑 【問題導向研究】	真評鑑 【價值導向研究】
政治操控研究	目標本位研究	認可研究
公關授意研究	實驗設計研究	政策研究
	績效研究	決策導向研究
	測驗計畫	消費者導向研究
	管理資訊系統	當事人中心研究
		鑑賞本位研究

形成性評鑑	多用於教育活動的過程中，包括：需求評估、方案設計、彈性規劃等步驟
總結性評鑑	在教育活動告一段落後，對其成果加以判斷

Unit 6-4
教育評鑑的 CIPP 模式

112

一、CIPP 模式的起源

美國國會於1965年通過「初等與中等教育法案」。通過之時，議員同時保留進行評鑑之權利，但因當時並無一套完整的評鑑制度可堪利用，因此Stufflebeam應Ohio州立大學評鑑中心所請，試圖發展一套評鑑方法以應所需，遂於1966年提出一個新的教育評鑑模式，此即為CIPP模式。主張評鑑最重要的目的，在於「改進」（improve）而非「證明」（prove）。

二、CIPP 模式的內容

Stufflebeam的CIPP模式，係取其四個評鑑的英文字首所組成，茲分述如下：

（一）背景評鑑（Context evaluation）

1. 目的：審視受評鑑者的地位與脈絡。其中包括：(1)界定機構的背景；(2)確認對象及其需求；(3)診斷出現的困難；(4)評估目標能否滿足目前的需求。
2. 方法：(1)系統分析法；(2)調查法；(3)文件探討法；(4)聽證會；(5)晤談；(6)診斷測驗；(7)德懷術。
3. 變革過程中與決策的關係：(1)用於決定方案實施的場所、目標與方針；(2)提供判斷的基礎。

（二）輸入評鑑（Input evaluation）

1. 目的：審度必須投入的人力、物力、與財力之配合程度。其中包括：(1)評估及確認系統能力；(2)評估及確認可能的替代方案或策略；(3)評估與確認策略的設計、預算及進度。

2. 方法：(1)將現有的人力；物力與財力等資源、解決策略，以及程序設計等列出清單，並分析其適切性、可行性，以及經濟性；(2)利用文獻探討，檢視成功的類似方案；(3)可使用小組及小型實驗室等方法。
3. 變革過程中與決策的關係：(1)選擇支持的來源、解決策略，以及程序設計；(2)提供評斷方案實施狀況的基礎。

（三）過程評鑑（Process evaluation）

1. 目的：(1)確認或預測程序設計，與實施上的缺點；(2)記錄及判斷程序上的各種事件及活動。
2. 方法：(1)追蹤活動中可能產生的障礙，並對非預期的障礙保持警覺；(2)描述實際的過程；(3)與方案人員不斷地互動，並觀察他們的活動。
3. 變革過程中與決策的關係：(1)用於實施並改善方案的設計與程序；(2)提供一份真正的記錄，以便於日後用以解釋結果。

（四）成果評鑑（Product evaluation）

1. 目的：(1)結果的描述與判斷；(2)比較評鑑成果與目標的差異，並詮釋其價值與意義。
2. 方法：(1)對結果賦予操作型定義並加以測量；(2)蒐集參與方案相關人員對結果的評斷；(3)進行質與量的分析。
3. 變革過程中與決策的關係：(1)用於決定繼續、中止或修正變革活動；(2)完成清楚的成果記錄。

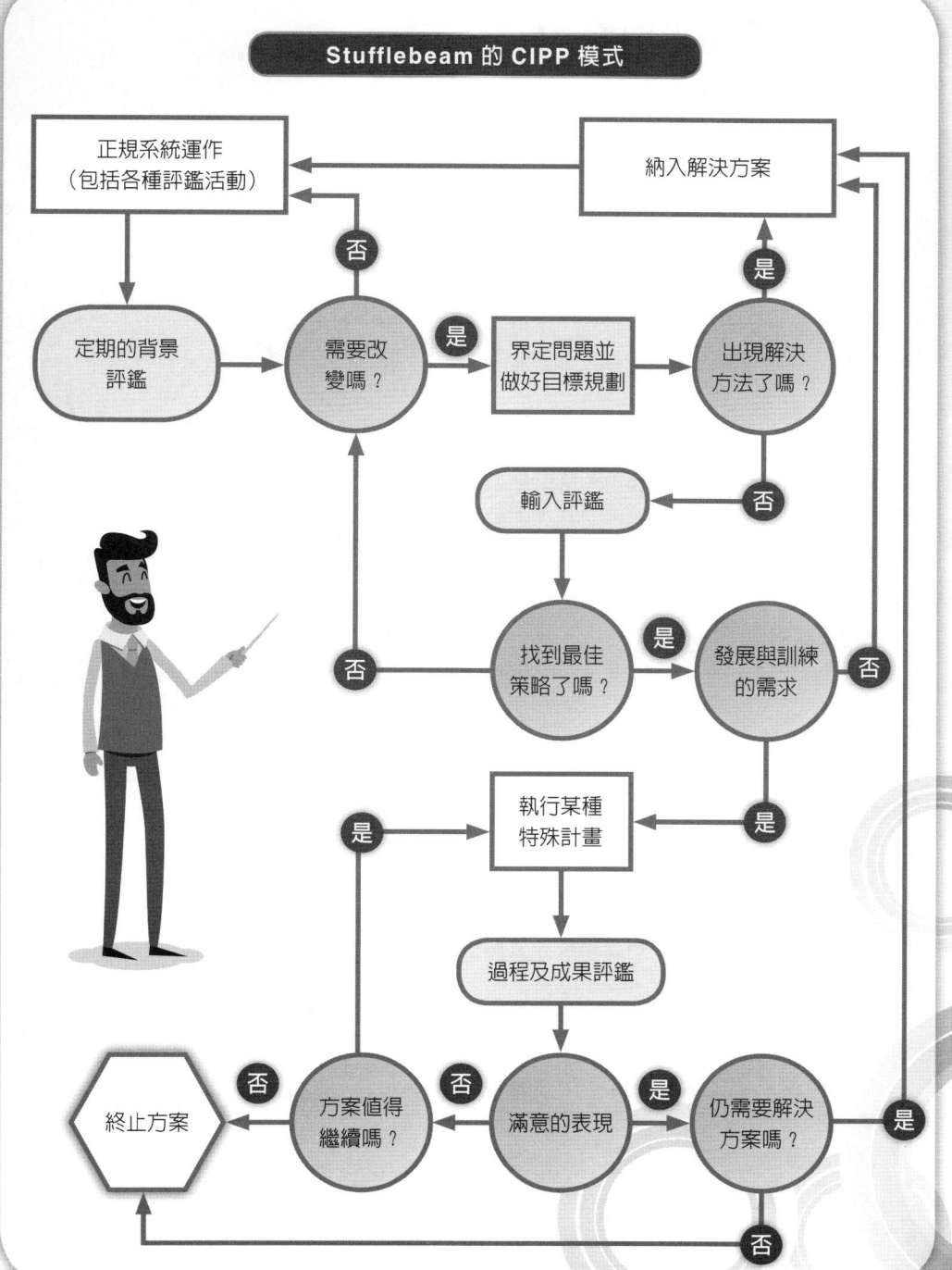

Stufflebeam 的 CIPP 模式

正規系統運作
（包括各種評鑑活動）

定期的背景評鑑

否

需要改變嗎？

是

界定問題並做好目標規劃

出現解決方法了嗎？

納入解決方案

是

否

輸入評鑑

找到最佳策略了嗎？

是

發展與訓練的需求

否

否

執行某種特殊計畫

是

是

過程及成果評鑑

終止方案

否

方案值得繼續嗎？

否

滿意的表現

是

仍需要解決方案嗎？

是

否

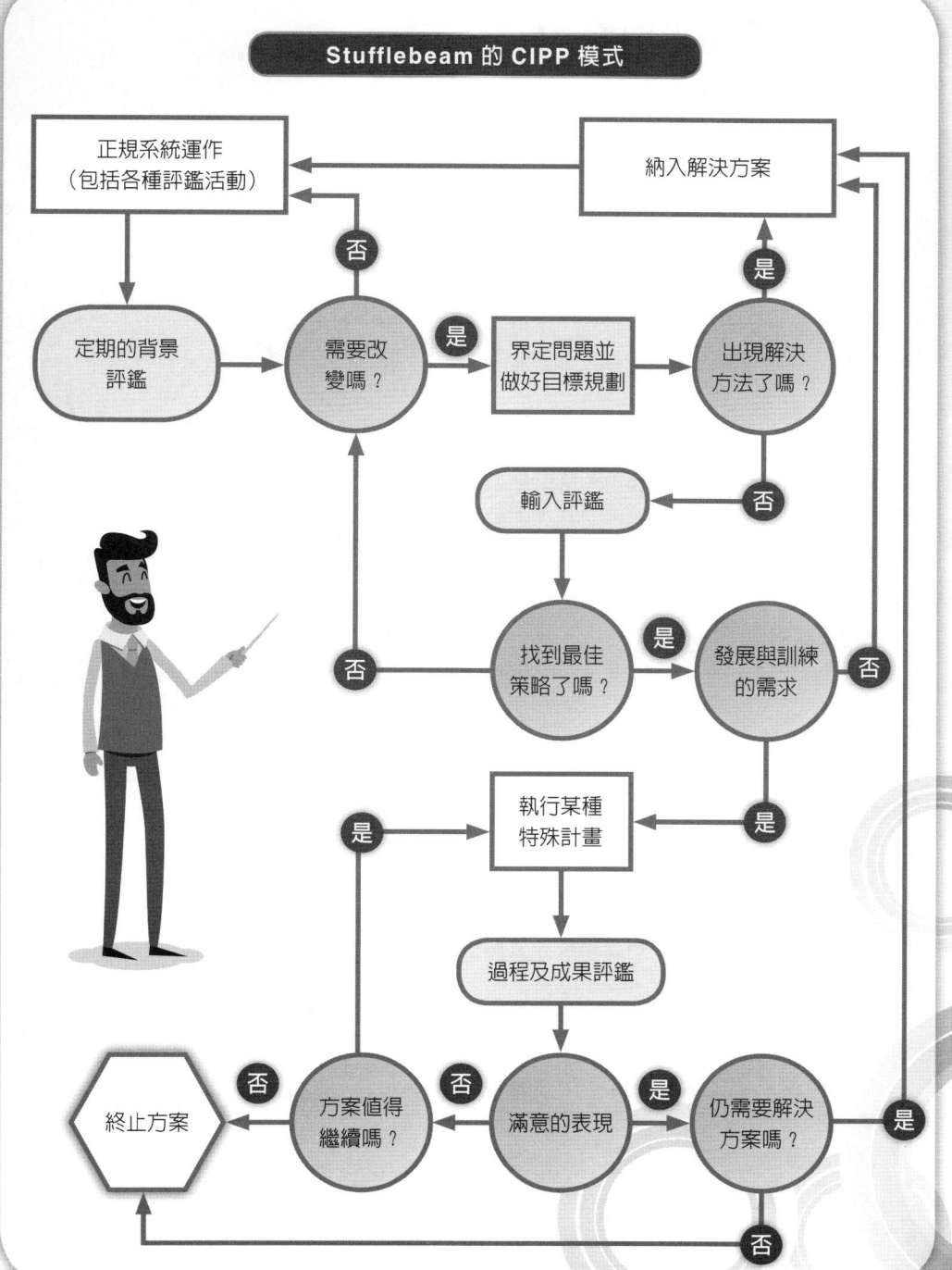

Unit 6-5
教育評鑑的認可模式

一、認可模式的起源

認可模式興起於19世紀末的美國。當時之高等教育處於混亂且不安定的狀態，新類型與新領域的高等教育機構如雨後春筍般興起。此外，各大學入學與畢業標準參差不齊，造成高等教育之功能無法彰顯，在此狀況下，扮演品質把關與功能分化角色的認可制度即因運而生。

二、認可模式的定義

認可模式係指採取自願形式，藉由專業評鑑的過程以確保機構品質達到最低標準，並促進組織之自我改善與形塑專業特色的評鑑模式。

三、認可模式的運作

茲以維吉尼亞州自治區設立的獨立學校認可協會（ACICS）所制定的認可程序流程，茲分述如下：

1. 參加由ACICS所舉辦的工作坊：每年均會舉辦工作坊，並要求欲申請認可的學校在認可開始前的18個月派代表參與，必須包含行政的總負責人。
2. 首次申請：分為五階段進行：
   (1) 初步資格檢核：由提出申請學校先做初步自我檢查，確認符合ACICS認可要求。
   (2) 提出申請：確認自我資格後，提出正式申請文件，並繳交所需費用。
   (3) 資源審查：ACICS派員審查學校的資源、資金與設備是否符合認可所需。
   (4) 自我評鑑：自我評鑑必須按照ACICS所出版的指導手冊及準則進行，涵蓋學校所有層面。
   (5) 實地訪視：ACICS派員至學校進行實地訪察，訪評員到校應在學期中，所有行政與教學均於正常運作時進行觀察。
3. 首次認可：前述階段後會產生二項結果：
   (1) 通過認可：ACICS不會馬上授予正式證書，要再經過一段時間觀察，以確定其能否維持認可過程中之各種表現。
   (2) 未通過認可：學校可針對結果提出申訴，ACICS必須將訪評員意見與不通過證據檢送學校。
4. 重新組成訪評小組：未通過認可的學校可要求重新認可，ACICS應學校要求重新組成訪評小組，學校可要求ACICS更換訪評委員。
5. 持續認可：一旦學校完成所有程序並正式得到認可，ACICS會要求學校每年提出報告說明學校情況，並且會不定期派員到校突擊訪察，以維持良好的認可品質。

四、認可模式的反思

學者Harvey指出所有形式的認可均具有控制力，並提出反思，茲分述如下：

1. 外部特性：認可執行的比重應以內部組織運作的改善為主，而非外部關係人在意的品質保證。執行上若比重過度傾向外部利害關係人所在意者，則難脫政治力的拘束與控制。
2. 參與者觀點：有無通過認可成為高教機構爭取社會信任及支持的標籤，亦對招生產生重大影響。所以高教機構為爭取更好的名譽而終日忙於各種認可程序間，造成內部人員疲於奔命。
3. 需求性：教育機構具備認可資格，將使畢業生具有較多就業機會，與更多資源，然而對認可的需求是否能保證學生品質，仍有待商榷。

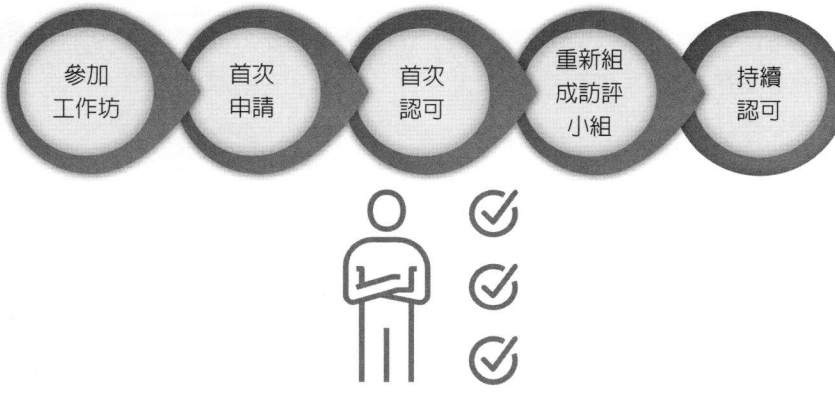

認可的程序流程

參加
工作坊

首次
申請

首次
認可

重新組
成訪評
小組

持續
認可

首次申請的五個階段

初步資格
檢核

提出申請

資源審查

自我評鑑

實地訪視

認可模式的反思

參與者觀點

外部特性

需求性

Unit 6-6
教育評鑑的司法模式與闡述模式

一、司法評鑑的定義

利用法庭審案的方法，將政策內容訴諸大眾，以求得最客觀的判斷。

二、適用司法評鑑的政策特徵

如果一項政策具有以下五項特徵，則可考慮使用司法評鑑，茲分述如下：
1. 政策關乎公眾利益。
2. 政策極為重大且影響甚鉅。
3. 政策內容極為複雜，牽涉到政經、社會，乃至心理層面。
4. 政策走向極不明確，有許多互相矛盾之處。
5. 政策有極大爭議性，且被許多利益團體所角逐爭奪。

三、司法評鑑的組成成員

1. 調查團隊：分為兩組，分持正反雙方意見，最好由各專家或利益團體代表組成。
2. 案例分析者：各調查團隊的隊長，負責調配各項活動的進行，並決定陪審團與法庭組成事宜。
3. 案例陳述者：代表各團隊在法庭上陳述意見者，類似律師的角色。
4. 法庭主持人：角色宛如法官，對辯論的進行與抗告的程序予以控制，因此需非常熟悉所訂規則。
5. 陪審團：成員包括各利益團體的代表，審度最後資料並經討論後，提出建議書以供決策當局參考。

四、司法評鑑的階段

1. 議題形成期：廣泛蒐集有關於議題的各種資料。

2. 議題選擇期：蒐集的相關資訊往往蕪雜龐大，必須擇要以進行討論。
3. 辯論準備期：主要議題選定後，各調查團隊即準備有利於己方的資料。
4. 辯論法庭期：正式進入辯論的階段，場所與一般法庭近似。

五、闡述模式的起源

學者Koppelman為解決「質化」與「量化」兩派相爭問題，所設計出的一種綜合雙方優點的評鑑模式，即為闡述模式。

六、闡述模式的步驟

1. 先由評鑑者視所評鑑的對象與範圍來制定規準。
2. 由參與評鑑的老師依其個人的了解，寫下評鑑的目的與規準。
3. 教師自班上挑選數名的學生，將其名單交給主事者。
4. 在同一時刻，教師與學生一樣記錄班上的活動。
5. 主事者參考教師自定的規準為其做成測量報告，並讓教師參與討論，彼此達成共識。

七、闡述模式的執行問題

1. 執行時動用之人力、物力龐大，且耗時甚鉅。
2. 當觀察資料彼此有衝突時，由誰來擔任仲裁者。
3. 學生的記錄可能因為其主觀之喜好或成熟度之不足而大打折扣。

司法評鑑的組成成員

調查團隊	案例分析者	案例陳述者	法庭主持人	陪審團

    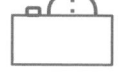 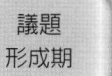 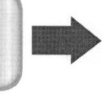

司法評鑑的基本階段

議題形成期 → 議題選擇期 → 辯論準備期 → 辯論法庭期

闡述模式的步驟

01 評鑑者視所評鑑的對象與範圍來制定規準

02 由參與評鑑的老師寫下評鑑的目的與規準

03 教師自班上挑出學生,將其名單交給主事者

04 教師與學生同時記錄班上的活動

05 主事者做成報告,並讓教師討論,以達成共識

Unit 6-7
後設評鑑

一、後設評鑑的定義

　　後設評鑑又稱第二級評鑑，係指對原來的評鑑工作再加以評鑑，可用來改進進行中或已完成的評鑑，並提供未來擬定新評鑑的參考依據。簡而言之，後設評鑑即是「針對評鑑工作實施評鑑」。

二、後設評鑑的目的

　　學者Cook認為實施後設評鑑的主要目的有八項，茲分述如下：
1. 減低評鑑結果的不確定性。
2. 獲得額外的觀點和評鑑獨立的精神。
3. 突破學術本位的限制，建立科際整合的評鑑研究。
4. 提供多層面的評鑑訓練功能。
5. 整體評估各種原始評鑑的效果。
6. 累積評鑑知識和使用多元資料。
7. 對傳統評鑑知識的質疑。
8. 增進評鑑的專業能力。

三、後設評鑑的實施步驟

　　學者游家政歸納中西方學者的觀點，提出十六項實施步驟，茲分述如下：
1. 確認後設評鑑的對象和理由。
2. 成立後設評鑑小組。
3. 釐清後設評鑑的目的與問題。
4. 選擇後設評鑑系統或模式。
5. 選擇或建立後設評鑑標準。
6. 協商及訂定後設評鑑的契約。
7. 確認後設評鑑資訊需求與來源。
8. 選擇或發展後設評鑑方法與工具。
9. 說明後設評鑑資料分析方法與步驟。
10. 編列後設評鑑經費。
11. 訂定後設評鑑程序和時間表。
12. 蒐集及檢證資訊的可靠性和正確性。
13. 分析結果並判斷評鑑結果符合所選定評鑑標準程度。
14. 撰寫後設評鑑報告。
15. 協助委託者及其他利害關係人解釋及應用後設評鑑結論。
16. 檢討與回饋。

四、後設評鑑的標準

　　學者Stufflebeam曾提出後設評鑑的檢核標準，茲分述如下：

（一）技術適用性標準
1. 內在效度：評鑑活動的設計能否確實說明待答問題。
2. 外在效度：評鑑活動的結果能否達到普遍適應性的標準。
3. 可靠性：評鑑活動的資料呈現是否一致。
4. 客觀性：其他的評鑑人員是否認同評鑑的結論。

（二）效能性標準
1. 相關性：評鑑的發現是否與受評鑑者有關聯。
2. 重要性：評鑑是否包括最重要且最有意義的資料。
3. 範圍：評鑑的資料是否在適當範圍中。
4. 正當性：受評鑑者是否認同評鑑的有效性與公正性。
5. 及時性：評鑑結果是否能及時提供給受評鑑者。
6. 普及性：評鑑結果能否在有評鑑需求者之間廣為散布。

（三）效率性標準
　　評鑑後所獲得的評鑑成果是否能夠符合成本效益？

後設評鑑的目的

1 減低評鑑結果的不確定性	5 評估各種原始評鑑的效果
2 獲得額外觀點和評鑑獨立精神	6 累積評鑑知識和使用多元資料
3 建立科際整合的評鑑研究	7 對傳統評鑑知識的質疑
4 提供多層面評鑑訓練功能	8 增進評鑑的專業能力

後設評鑑的實施步驟

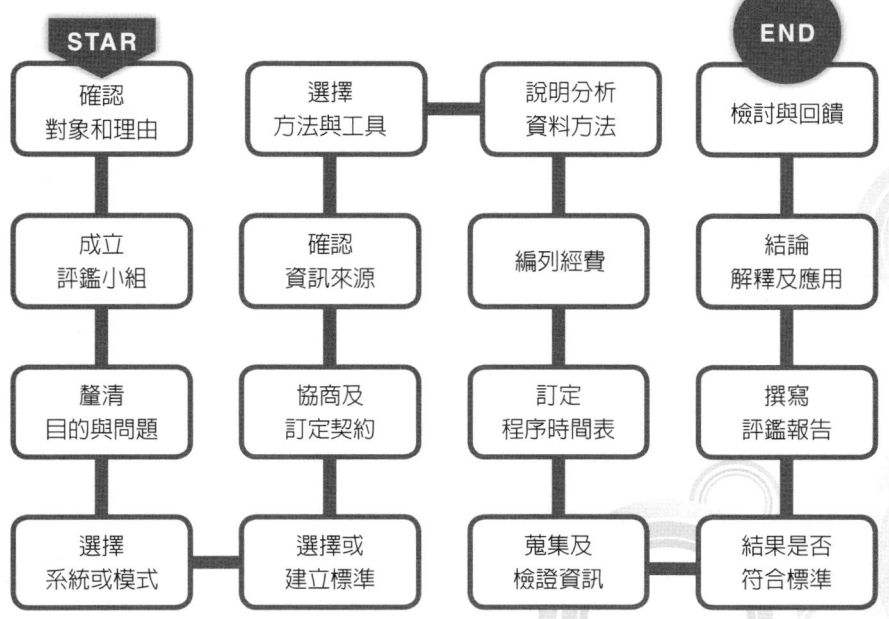

STAR

確認
對象和理由

選擇
方法與工具

說明分析
資料方法

檢討與回饋

END

成立
評鑑小組

確認
資訊來源

編列經費

結論
解釋及應用

釐清
目的與問題

協商及
訂定契約

訂定
程序時間表

撰寫
評鑑報告

選擇
系統或模式

選擇或
建立標準

蒐集及
檢證資訊

結果是否
符合標準

Unit 6-8
教師評鑑

圖解教育行政實務

120

一、教師評鑑的定義

　　教師評鑑乃是根據既定的評鑑指標，對於教師整體專業表現，進行評估分析，以衡量其優劣得失的歷程。

二、教師評鑑的目的

　　教師評鑑的目的可以分成兩類，茲分述如下：

（一）形成性評鑑：牽涉教師專業發展

1. 提供教師自我反省機制。
2. 協助教師改善教學。
3. 促進教師專業發展。
4. 發現教學環境問題。

（二）總結性評鑑：牽涉管理監督功能

1. 評量教師整體績效。
2. 建構獎優汰劣機制。

三、教師評鑑的類型

　　根據評鑑者身分將其類型分述如下：

1. 同儕評鑑：由兩個相同層級的教師互相評鑑，以了解彼此之表現，是一種互蒙其利的評鑑模式。
2. 上級對部屬評鑑：由上位者對下位者進行評鑑，常因專業不足產生外行評鑑內行的窘境，引起教師排斥抗拒，使用時必須有配套措施。
3. 校外人士評鑑：大部分由具有公信力的教育專業人員評鑑，但因來自外部，對學校特殊情境較難掌握與深入了解，必須仰賴教師全力配合。
4. 業外人士評鑑：非教育專業的社會賢達或企業代表等業界人士進行專業評鑑，在技職教育評鑑中最常見，以反應即時的人力需求。
5. 教師自我評鑑：教師根據教育主管當局發展的自我評鑑檢核表，確實自我評量，具有強烈的形成性評鑑色彩，但可能因教師自我感覺良好而過度美化自己，必須搭配其他評鑑方式，才能一窺教師專業表現之全貌。
6. 學生評鑑：學生為教學活動中與教師互動最直接的評鑑者，對於教師表現有深刻感受。但此評鑑多實施於高等教育；中小學學生成熟度較低，評鑑結果應只限於參考層次。

四、教師評鑑內容的層面

1. 課程設計與教學層面。
2. 班級經營與輔導層面。
3. 研究發展與進修層面。
4. 行政配合與人際層面。

五、教師評鑑的方式

　　依照評鑑之各項活動，大致可分為六種形式，茲分述如下：

1. 教室觀察：多採用同儕評鑑與臨床視導模式，由教師與相關之同僚共同執行。
2. 教學記錄檢視：根據教師教學設計、教室經營技巧、行政配合程度，以及個人出勤狀態等項加以列檔記錄，以備評鑑加以核對評等。
3. 學生成就：依據學校或教師自訂目標，檢視學生學習成果，以評斷教師教學表現。
4. 教學檔案：評鑑者可檢視包括課程計畫、教學內容、學生回饋、評量方式、回饋機制等教學檔案，作為提出改進教學之意見。
5. 問卷：透過學生或家長來評鑑教師教學，可依據學生成熟度，適度使用調查結果。
6. 面談：教師自我評鑑、發現優缺點後，再進行面談，以了解其中問題，並提出自我改善的計畫。

教師評鑑的目的

形成性評鑑 牽涉教師專業發展	• 提供教師自我反省機制 • 協助教師改善教學	• 促進教師專業發展 • 發現教學環境問題

總結性評鑑 牽涉管理監督功能	• 評量教師整體績效 • 建構獎優汰劣機制

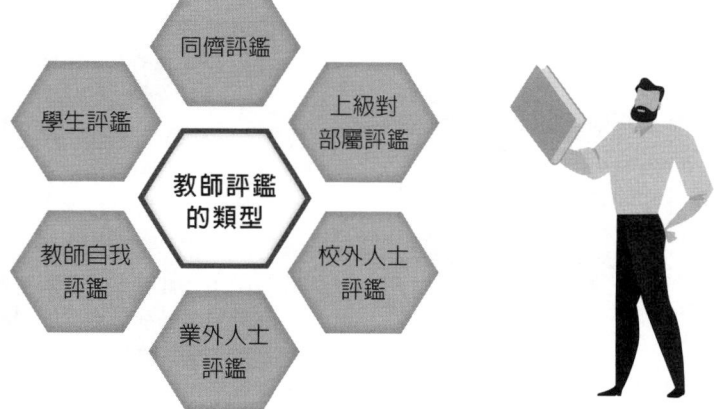

同儕評鑑

學生評鑑

上級對
部屬評鑑

**教師評鑑
的類型**

教師自我
評鑑

校外人士
評鑑

業外人士
評鑑

教室觀察	教學檔案
教學記錄檢視	問卷
學生成就	面談

教師評鑑的方式

Unit **6-9**
校長評鑑

122

一、校長評鑑的定義

　　校長評鑑是對於校長的辦學表現進行主客觀性的判斷，以了解校長在校務推動的優劣，並提供校長改進缺失的持續性歷程。

二、校長評鑑的法源依據

　　校長評鑑又可稱為校長辦學績效評鑑，茲將其相關法源依據分述如下：

1. 「國民教育法」第9條：依第9條第3項至第5項組織遴選委員會之機關、師範校院及設有教育院（系）之大學，應就所屬國民小學、國民中學校長辦學績效予以評鑑，以為應否繼續遴聘之依據。
2. 「國民教育法施行細則」第11條：依本法第9條第3項至第6項規定組織之遴選委員會，應在校長第一任任期屆滿一個月前，視其辦學績效、連任或轉任意願及其他實際情況，決定其應否繼續遴聘。現職校長依本法第9條之3規定評鑑績效優良者，得考量優先予以遴聘。

三、校長評鑑的目的

　　校長評鑑與教師評鑑目的相同，亦可區分為「形成性評鑑」及「總結性評鑑」兩大類，茲分述如下：

1. 形成性評鑑：目的在協助校長發現辦學上的優劣得失並找出原因，進而協助校長改善，以提升辦學績效。
2. 總結性評鑑：目的則是判斷校長表現水準的優劣程度，以便將評鑑的結果作為校長任用、獎懲，以及行政決策之參考。

四、校長評鑑的規準

　　綜觀國內外校長評鑑的規準，包括人（行政人員、教師、學生、家長與社區人士）、事（行政、課程與教學）、物（經費、設備與建築）等六個相關層面，茲各舉二項敘述如下：

1. 行政管理與校務運作層面
   (1) 教務、學務、總務、輔導、人事，以及會計等處室的領導與管理。
   (2) 學校校務發展計畫的規劃、訂定與執行。
2. 課程引導與教學領導層面
   (1) 協助教師課程發展與設計。
   (2) 指引教師教學規劃與研究。
3. 人際經營與公共關係層面
   (1) 能結合社會人士，貢獻專業知能，協助推展校務。
   (2) 強化親職教育，運用家長人力資源，支援學校行政教學。
4. 校園規劃與環境營造層面
   (1) 營造綠化美化的永續校園環境。
   (2) 學校建築與設備設施的管理與維護。
5. 學生學習與學業表現層面
   (1) 規劃多元社團，鼓勵學生參與。
   (2) 鼓勵學生參加各類型的競賽活動。
6. 校長與教師專業發展層面
   (1) 校長能不斷精進，增進專業知能。
   (2) 校長能與教師合作，營造專業學習社群。

五、校長評鑑的反思

1. 校長辦學績效相關法規定位仍不明確：檢視目前辦學績效的法規，尚未具體說明校長辦學的績效；校長成績考核辦法內亦未做具體說明。
2. 校長辦學績效相關指標尚缺具體架構：目前國內校長辦學績效評鑑指標雖多，但其內容各縣市不同，且內容多屬空泛。
3. 校長辦學績效相關評鑑難使權責相符：校長權限受到教師工會與家長會制衡，卻要概括承受學校大小事務，權責明顯不符。

校長評鑑的目的

形成性校長評鑑
提升辦校績效

總結性校長評鑑
作為獎懲依據

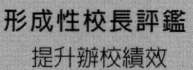

校長評鑑的規準

行政管理與校務運作	校園規劃與環境營造
課程引導與教學領導	學生學習與學業表現
人際經營與公共關係	校長與教師專業發展

校長評鑑的
反思

校長辦學績效相關法規定位仍不明確

校長辦學績效相關指標尚缺具體架構

校長辦學績效相關評鑑難使權責相符

第 7 章
教育行銷與危機處理

●●●●●●●●●●●●●●●●●●●●●● 章節體系架構 ▼

●●●●●●●●●●●●●●●●●●●●●●●●●●●●●●●●●●●

　　科技之進步，促使絕大部分訊息可以立即以手機APP或電腦網路傳輸，教育公開化與透明化程度大幅增加，不再能遺世獨立於圍牆之中。近年受到少子化影響，許多學校直接或間接受到衝擊。如何提升學生就學意願，行銷學校亮點自然成為校長的首要任務。

　　作為教育學生的場所，學校針對社區與傳播媒體的公共關係至關重大。如何維繫與社區及傳媒的良好關係，做好危機控管，使學校受到的傷害減至最低，往往考驗校長的經驗與能力。原則上，組成危機處理應變小組與建立發言人制度，是學校在處理危機上的首要工作。

　　本章先介紹教育與學校行銷之基本理念，繼之論述學校與社區及傳媒的公共關係。最後，針對危機處理之程序進行介紹，以幫助校長在面對危機時能夠穩定沉著，坦然面對而化危機為轉機。

Unit **7-1**
教育行銷

一、教育行銷的定義

教育行銷係指教育組織運用提供與交換有價值之服務，在特定市場中回應內部成員與外部顧客的需求，以達成教育目標之歷程。

二、教育行銷的特質

學者Kotler與Fox研究教育組織的行銷型態與過程，發現其具有六項特質，茲分述如下：

1. 由於涉及分析、執行與控制等歷程，教育行銷能夠協助教育組織與成員正視與面對現實問題。
2. 教育行銷活動必須事先規劃與確實執行，此也是教育組織運作之要件。
3. 教育行銷乃在複雜的社會與消費者中進行，其運作應基於目標與擁有之資源，進行區隔與開發不同市場，以達到有效行銷之目標。
4. 教育行銷促使教育組織訂定具體目標，以能確實區隔與服務市場。
5. 由於行銷強調全力提供顧客服務，以滿足其特定需求，教育行銷因此可促使學校轉變爲顧客服務導向。
6. 行銷強調利用相關軟體與設備加強成果，因此，教育行銷可促使教育組織運作更加多元化，以開發市場潛在之顧客。

126

三、學校行銷的層面與策略

學校行銷除外部行銷外，也須同時兼具內部行銷與互動行銷之策略，茲將其層面與策略分述如下：

（一）學校外部行銷

外部行銷在企業界發展已久，以所謂「行銷組合」爲基本核心，其可分爲產品、價格、通路，以及推廣四大策略如下：

1. 產品策略：包括服務的範圍、品質、內涵、價值等，可分爲有形產品（如軟硬體設備）、實質產品（如考取明星學校）與附加產品（如增進學校聲譽）。
2. 價格策略：經分析市場變數如競爭對手、產品成本、市場區隔後，所擬定之價格策略。
3. 通路策略：顧客如何經由適當管道，順利取得教育組織提供之服務與產品。
4. 推廣策略：利用各種媒介途徑，宣傳學校所提供之服務與產品。例如：廣告宣傳、人員推銷、價格促銷，以及建立公共關係等。

（二）學校內部行銷

1. 凝聚溝通策略：校方經常與師生溝通並明示辦學理念。
2. 關懷激勵策略：校長積極協助教職員工解決工作與生活問題。
3. 教育訓練策略：校方給予教師協助以提升其教學與班級經營表現。
4. 參與授權策略：重大校務決策能讓學校成員積極參與。
5. 優質環境策略：學校環境能讓學校成員感到安全便利。

（三）學校互動行銷

1. 內外互動策略：教師使用家庭聯絡簿、電話、通知單，或電子郵件與家長溝通。
2. 外內互動策略：家長與社區志工提供學校各類活動之適當支援，使學校增加辦學績效。

學校行銷的層面與策略

學校外部行銷	學校內部行銷	學校互動行銷
產品策略 價格策略 通路策略 推廣策略	凝聚溝通策略 關懷激勵策略 教育訓練策略 參與授權策略 優質環境策略	內外互動策略 外內互動策略

學校外部行銷的推廣策略

廣告宣傳
- 學校網頁
- 報章雜誌

人員推銷
- 進行電話訪問
- 召開學校招生宣導說明會

價格促銷
- 學費抵免
- 發放獎助學金

建立公共關係
- 親職教育日
- 校慶運動會

Unit 7-2
學校與社區的公共關係

圖解教育行政實務

一、教育組織的公關對象

茲將教育組織公關的對象分述如下：
1. 校內成員：學生、教師與行政人員等。
2. 相關教育行政機構：上級指導單位。
3. 社區團體：家長會與校友會等。
4. 傳播媒體：報章雜誌與電視廣播等。
5. 社會公眾：社會人士與利益關係人等。

二、良好公共關係的目標

維持與社區的良好關係需事先規劃，茲將期望達成之目標有三點：1.與社區做有效溝通；2.得到社區支持；3.與社區共同合作以推行校務。

三、達成良好公共關係的步驟

欲達成良好公共關係的目標必須配合四個步驟，茲分述如下：

（一）分析社區背景

一般而言，在分析社區背景資料時，所需檢視的主要變項如下：1.社經地位；2.年齡；3.職業；4.地理區域；5.教育程度；6.族群；7.政治派系；8.其他因素：宗教、單親比例、社區歷史。

（二）認識地方有力人士

可採用三種方式：
1. 職位檢驗法：把社區中擁有正式重要職位的人，列為當然最有力人士。
2. 事件分析法：檢視以往社區制定重大決策或修正時之主要參與者，即可能就是隱性有力人士。
3. 聲譽評核法：先成立一個熟悉社區事務與人士小組，由其列出心中最有影響力的社區人物。

（三）建立溝通的管道及工具

學校與社區溝通的形式，約略可分為五種：
1. 問卷：可針對專門議題，如贊不贊成穿便服上學；或是較為全面式的討論，如對教學的看法。
2. 晤談：可採取正式晤談，如邀集社區有力人士閉門長談；或是非正式晤談，如婚喪喜慶上順便說明。
3. 電話聯絡：可以電話聯繫家長或社區有力人士，注意電話禮節，儘量長話短說。
4. 網際網路：建立相關網路平台，提供社區人士陳述意見的機會。
5. 印刷品：如新生歡迎手冊、小型行事曆、家長手冊、專題手冊，以及校慶特刊等。

（四）發展符合社區需求的公關策略
1. 必須先決定公關與溝通的對象，依據自我能力量力而為。
2. 將社區中的有力人士資料加以建檔。
3. 訓練各處室成員的電話禮貌。
4. 多加利用各種溝通管道。
5. 善用家長會、校友會、志工等組織。
6. 發成績單時，檢附印刷品讓學生帶回。
7. 隨時都有能應付重大危機的處理辦法。

四、學校公關最常接觸的團體
1. 家長會：為校長最常接觸之組織，家長會成員不乏社區有力人士，需與其不亢不卑地相處。
2. 學校志工：校長應讓志工各適其位，各司其職，使其能樂意為校付出。
3. 校友會：可以邀請傑出校友返校加以表揚，藉此募款或得到必要的協助

4. 社區教育團體：學校可以各地教師組織或教育公益團體為顧問，諮詢其意見以維繫良好關係。

5. 政治團體：學校應儘量保持行政中立原則，避免偏向任一政治團體，否則易捲入政治紛爭。

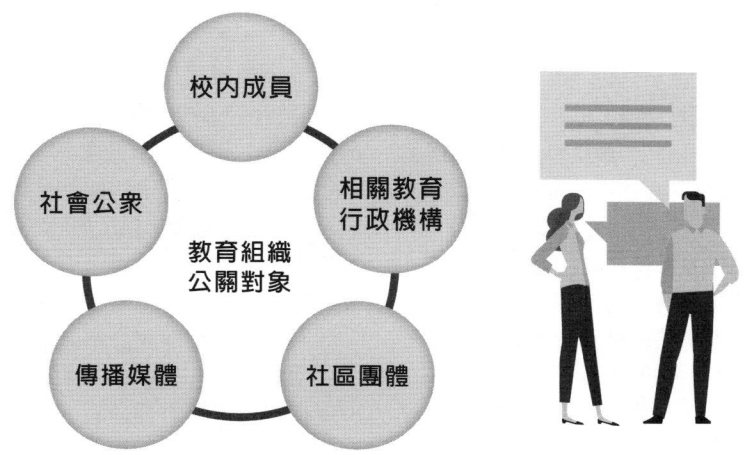

達成良好公共關係的步驟

分析社區背景	認識地方有力人士	建立溝通管道工具	發展符合社區需求公關策略

發展符合社區需求公關策略

先決定公關與溝通對象	善用家長會、校友會、志工等組織
將社區中的有力人士資料建檔	發放成績單時，檢附印刷品讓學生帶回
訓練各處室成員電話禮貌	隨時都有能應付重大危機的處理辦法
多加利用各種溝通管道	

Unit **7-3**
學校與傳媒的公共關係

　　學校對傳播媒體的印象往往愛恨交織，一方面其可以幫助校務之推行；一方面卻也可能使學校蒙上惡名。在今日資訊爆炸時代，縱使學校不樂意與媒體打交道，但亦須勉力維持關係，否則，好事不出門，壞事傳千里。如何與傳媒保持平衡關係，在在考驗著教育行政者的智慧。

一、傳媒感興趣的學校新聞特性

1. 具有教育創新與特色的：如學校研發出一套新的英文教學法，結合智慧教室設備，使學生學習進步神速。
2. 有關重大人事與經費的：如學校校長因營養午餐索賄被解聘。
3. 不尋常的：如學校鐵樹突然集體開花。
4. 有爭議性的：如學生到校上課是否應該穿制服？
5. 有危機性的：如學生被校外不明人士闖入殺傷。

二、平日學校對傳媒應有的態度

1. 主動認識傳媒相關人員：不管在大都市或是小鄉鎮，都應該主動認識報紙地方版的駐地記者、廣播電臺負責人，以及電視與雜誌相關記者和人員。
2. 邀請傳媒人員到校參觀：主動邀請在地媒體到校參觀學校特色或重大表現，但是必須規劃參觀路線，避免媒體在校園內閒晃，以免徒增困擾。
3. 了解傳媒政治意識型態：必須先了解傳媒對教育的看法以及其所代表的政治意識型態，並熟稔其處理新聞的態度與過程。
4. 準備清楚照片供新聞刊載：事先準備拍攝清楚的照片或影片，以提供相關新聞刊載。圖文並茂的形式，其傳播力量更加強大。

5. 誠實告知傳媒正確的訊息：當傳媒人員來訪，問及不熟悉的議題時，千萬不要硬充專家，應誠實以告，並引見嫻熟該議題的人員提供正確訊息。
6. 所提供之新聞必須包含5W1H要素：所提供之新聞或訊息應包括：人物、事件、時間、地點、原因，以及如何。
7. 主動提供的新聞稿宜簡潔且少用形容詞：內容應為客觀且直接陳述，避免主觀的個人論斷。並應該允許傳媒在不損及正確性的前提上，視情況加以修正。
8. 不要等待傳媒到校採訪：當學校有值得報導的新聞時，應主動聯繫傳媒到訪，並提供適切服務。
9. 宜設公關電話專線以利迅速聯絡傳媒：應提供傳媒迅速聯絡學校的方法，並宜設置公關電話專線與專人負責，原則上校長應擔任主要角色。
10. 發出新聞後宜主動聯絡傳媒：在發出新聞後，宜主動聯繫傳媒，以確定其完全了解內容。如有需要，應詳加解釋，以避免不必要之誤會。許多錯誤報導往往肇因於提供者的疏忽。
11. 發現傳媒報導錯誤宜避免情緒性指責：如果發現傳媒報導錯誤，應先與其聯絡，了解來龍去脈再下斷言，如果可能，請傳媒做更正報導；如其拒絕，可循其他公正管道加以澄清，儘量避免立即指責以免雙方正面衝突與嚴重交惡。
12. 不要為提高聲譽而假造資料：不要為提高學校或個人聲譽而造假提供不實資料，一旦東窗事發，傳媒就算不將學校列為拒絕往來戶，也會從此對校方提供之訊息有所懷疑。

有關重大
人事經費的

具教育創新
與特色的

不尋常的

有危機性的

有爭議性的

傳媒感興趣的學校新聞特性

平日學校對傳媒應有的態度

主動認識傳媒相關人員	新聞稿宜簡潔少用形容詞
邀請傳媒人員到校參觀	不要等待傳媒到校採訪
了解傳媒政治意識型態	設公關電話專線以利聯絡
準備清楚照片供新聞刊載	發出新聞後主動聯絡傳媒
誠實告知傳媒正確的訊息	避免情緒性指責錯誤報導
提供含 5W1H 要素的新聞	不為提高聲譽而假造資料

Unit 7-4
學校的危機處理

一、危機的定義

係指在極不穩定的狀況與強大時間壓力下，必須做出立即決定的態勢。

二、組織發生危機的成因與過程

由於(1)環境顯著改變與(2)組織結構僵化，造成(3)資訊系統不足，進而導致(4)組織內部溝通出現問題。此時，領導人一味(5)承襲舊法，應變能力脆弱且(6)經營策略不明確，而使(7)組織運作與社會趨勢格格不入，行政管理層級因領導者態度反覆而無所適從，(8)導致多頭馬車。(9)一旦意外事件發生，處置延誤失策，終而釀成各方交相指責而演變成危機。

三、學校危機處理的原則

1. 鎮定：沉住氣先把狀況弄清楚。
2. 負責：應具有面對現實的勇氣。
3. 誠實：將真相毫無隱瞞的披露。
4. 果決：採取速戰速決處理態度。

四、危機處理的過程

1. 確認危機：先蒐集各方資訊，了解危機發生的原因與背景。
2. 孤立危機：採取適當的控制措施，防止危機擴散，而引發另一危機。
3. 解決危機：與當事人溝通，配合上級機關態度，擬定解決的策略。

五、危機處理小組的組成

平日應設有危機處理小組，以備不時之需，若無，危機發生時也應盡速成立，茲分述如下：

1. 組成時間：平日有此組織最好，否則應在危機發生後立刻組成。
2. 組成成員：原則上以組織領導人為首，成員應視狀況做組合。包括相關處室負責人、教師代表或家長代表等，人數不宜過多。
3. 小組任務：危機處理小組任務流程如下：
   (1) 蒐集各方資訊。
   (2) 與當事人雙向溝通，了解引發危機之事件真相。
   (3) 透過公關管道邀請相關人士介入幫忙。
   (4) 參考上級機關與輿論的態度走向。
   (5) 擬定解決策略與執行方案。
   (6) 透過傳媒宣布結果。
   (7) 針對原因加以檢討，提出未來改進之道。
4. 運作形式：宜分工合作為主。除小組領袖負責折衝協調外，其餘成員應切實完成所交付之任務。。

六、發言人制度

在學校危機處理過程中，除立即組成危機處理小組外，應同時確立發言人制度。茲將發言人定義與考量因素分述如下：

（一）發言人的定義

一般係指專門提供有關公眾事務訊息者；在學校，即是代表學校表達立場者。

（二）選擇發言人的考量因素

1. 校內職務較高者。
2. 嫻熟學校內部歷史與權力運作方式。
3. 與組織內各非正式團體均有良好關係。
4. 能隨時掌握社會現象與教育趨勢。
5. 與傳媒及社區有力人士保持密切聯繫。
6. 口齒清晰並具有良好溝通技巧。

基本上，校長不宜擔任第一線發言人，應退居第二線，以免當發言人制度出現問題時，可以及時予以補救。

教育組織發生危機的成因與過程

成因		領導者		後果		危機
• 環境顯著改變 • 組織結構僵化 • 資訊系統不足	→	• 承襲舊法 • 應變能力脆弱 • 經營策略不明確	→	• 組織運作背離 　社會趨勢 • 導致多頭馬車	→	• 處置延誤失策 • 各方交相指責

學校危機處理的流程

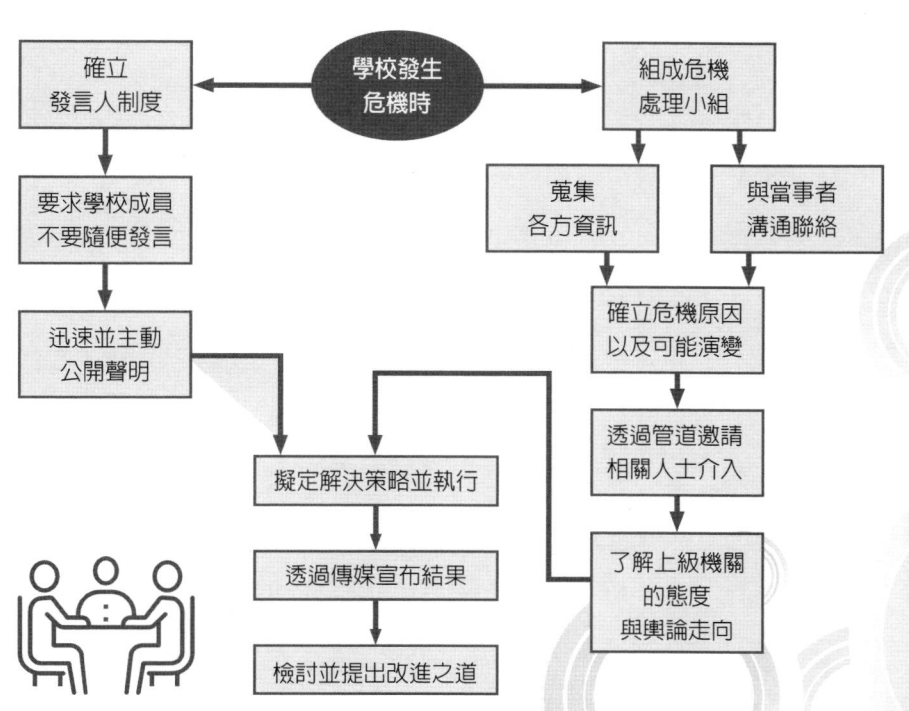

確立發言人制度 ← 學校發生危機時 → 組成危機處理小組

要求學校成員不要隨便發言

蒐集各方資訊　　與當事者溝通聯絡

迅速並主動公開聲明

確立危機原因以及可能演變

擬定解決策略並執行

透過管道邀請相關人士介入

透過傳媒宣布結果

了解上級機關的態度與輿論走向

檢討並提出改進之道

第 8 章

教育人員的培育與任用

●●●●●●●●●●●●●●●●● 章節體系架構 ▽

●●●●●●●●●●●●●●●●●●●●●●●●●●●

　　如果說教師是教學活動的基石，教育行政人員則是教育改革與發展的要角。教育制度再完美，如果沒有優秀人員配合執行也是枉然；唯有兩相配合才能締造優良績效。如何吸引優秀人士擔任教育行政者，與如何使其適才適用，乃是一國教育行政運作成敗關鍵所在。此與作為學校校長、行政人員、與教師在培育、甄選、與任用，以及在職進修制度上的良窳有極大關係。

　　本章首先介紹校長培育的定義、內涵與走向，兼論各國校長培育制度；繼之論述國內外教育行政人員甄選資格；最後介紹教師培育、任用、分級、待遇，以及在職進修教育。

Unit 8-1
校長培育的定義、內涵與走向

圖解教育行政實務

136

一、校長培育制度的主要議題

　　檢視世界各國的校長培育制度,其主要議題有四,茲分述如下:

1. 校長培育制度與機構。
2. 校長專業能力與關鍵功能指標。
3. 校長培育課程。
4. 教育行政理論與學校現場問題之連結。

二、校長培育的定義

　　校長培育又稱校長培訓或校長儲訓,係指對於有志成為校長的教育人員,經過篩選機制與專業課程及實習後,通過各種資格與能力檢定,以獲得擔任校長職位的教育歷程。

三、校長培育的內涵

1. 有志成為校長的合格人員:世界各國對於希望擔任校長者,多訂有特定的資格限定,其中如曾經擔任行政與教師之服務年資規定。
2. 一定的篩選機制:其中包括筆試、口試、辦學計畫審核、以往資歷與表現之評鑑等。必須經過一定之篩選後,方能雀屏中選,競爭相當激烈。
3. 專業的課程培訓與實習:在獲得初步校長資格後,多需經過一段時間的培訓課程與實習,表現獲得認可後,即可等待參加日後之遴選。
4. 參加遴選:接受專業課程培訓與實習之後,即獲得初步遴選資格。各國校長遴選之制度各異,有的僅是聊備一格有缺即補,有的卻是競爭極為激烈。

四、校長培育的知識論觀點

1. 邏輯實證論:邏輯實證論自1950年代以來就成為影響校長培育內容的重要典範,其方法論的基本主張有較偏向假設問題、理論中立、量化研究,以及排除主觀的道德議題等,使得校長培育課程變得極為重視數據與極度科學化,導致培育的過度機械化而被指責其與現實脫離太遠。
2. 後實證典範:後實證典範與後現代理論打破以往傳統邏輯實證論的單一典範觀念,對原本過度注重量化與假設驗證的方式予以批判。使得以往重視邏輯與量化的機械式培育,改為重視倫理道德與社會脈絡的培育過程。

五、校長培育的未來走向

1. 不再迷戀價值中立的理論,而將主觀性的倫理、道德,乃至社會脈絡等主題加入課程中。
2. 放棄以往發展策略以控制組織成員的作法,代以要求校長學習如何與學校成員互動,進而參加學校次級團體的方法。
3. 許多非傳統方法如同僚學習、個別教導、核心團體等開始被採用,以多角度訓練未來的校長。
4. 傳統大學講演式的教學法被代替,各地區可依其背景與需求,設計具有地方特色之培育課程,以達到學校本位管理之目的。

校長培育制度的主要議題

校長培育制度與機構

校長專業能力與關鍵功能指標

校長培育課程

教育行政理論與學校現場問題之連結

各學區自我設計培育的課程

主觀性主題融入課程

校長培育的未來走向

採用非傳統培育方法

學習與學校成員互動

Unit 8-2
美國校長培育制度

一、美國教育行政的演進時期

美國教育行政制度與相關課程之演進，主要分為四個時期，茲分述如下：

1. 觀念時期（1820–1899）：20世紀以前，學校組織較為簡單，教育相關機構尚未開始發展，因此接受過師資教育者即可兼任行政工作，並未實施教育行政人員相關訓練或證照制度。

2. 處方時期（1900–1946）：這時期學校行政相關課程雖然逐漸受到重視，但受到科學管理學派的影響，許多商業理念滲入教育行政課程中，使得其忽略學校行政理論的探討；而注重實質績效與成果，所有內容亦多是條例式規則和手冊，宛如醫師開的處方，因此稱為處方時期。

3. 行為科學時期（1947–1985）：基於社會多元化，處方式的訓練課程已不符所需，許多行為科學理論即被漸次加入，教育行政不再僅限於實務運作，而是具有理論基礎的學門。學員必須學習社會科學的研究方法，以加強自身從事高深研究的能力，教育行政至此成為跨學科的學門。

4. 辯證時期（1986以後）：美國國家卓越教育委員會提出「危機國家」的報告，對於教育系統和課程進行嚴厲抨擊，教育行政人員的培育制度也無法倖免。批判理論在此時期受到重視，教育行政課程亦開始重視社會與歷史層面發展，培育制度逐漸以宏觀的視野，走向質量並重的局面。

二、美國校長培育與專業機構

為配合校長培育之新趨勢與各州遴選規定，美國已設有相關專門機構協助其專業發展，茲分述如下：

1. 各大學或學院設置的校長專業機構：如哈佛大學校長中心；UCLA教育領導培育計畫。

2. 州政府設置的校長進修中心：如加州政府教育廳舉辦的加州學校領導學院。

3. 民間專業機構或私人基金之下的研究中心或實驗單位：如美國小學校長協會；加州學校行政人員協會所設的校長培育中心。

4. 地方學區所舉辦的校長進修班：如波士頓地方學區舉辦的校長研究中心。

三、美國 ISLLC 的校長標準

美國州教育廳長聯合委員會（CCSSO）於1996年公布發行的跨州學校領導者證照聯合會（ISLLC）提出一套校長標準，共有知識、心向、表現三部分，6個標準，184項指標，茲簡略敘述下：

1. 標準一：實現合作的學習社群與學習支持的願景。

2. 標準二：促進學生學習與教職員工專業成長。

3. 標準三：運用管理策略，建立安全與高效能的校園環境。

4. 標準四：與社區成員合作，並導入社區資源。

5. 標準五：秉性公平正直，道德操守良好。

6. 標準六：了解、回應與影響政治結構與社會、經濟、文化等相關的脈絡。

美國教育行政的演進時期

1820–1899 年 **觀念時期**	並未實施教育行政人員訓練或證照制度
1900–1946 年 **處方時期**	科學管理學派理念滲入，重視教育行政實務運作卻輕忽理論
1947–1985 年 **行為科學時期**	教育行政不僅僅是實務運作，而且也具有理論基礎，成為跨學科的學門
1986 年以後 **辯證時期**	培育制度大致成形，逐漸走向宏觀視野與質量並重的局面

美國校長培育與專業機構

各大學校或學院設置的校長專業機構

州政府設置的校長進修中心

民間專業機構或私人基金之下的研究中心或實驗單位

地方學區所舉辦的校長進修班

美國 ISLLC 的校長標準

1 實現合作的學習社群與學習支持的願景

2 促進學生學習與教職員工專業成長

3 運用管理策略，建立安全與高效能的校園環境

4 與社區成員合作，並導入社區資源

5 秉性公平正直，道德操守良好

6 了解、回應與影響政治結構與社會、經濟、文化等相關脈絡

Unit 8-3
英國校長培育制度

圖解教育行政實務

140

一、英國的校長培育機構

　　英國由於地方分權自主，因此教育在各地方皆有些許差異。在中央層級分別於英格蘭、威爾斯、蘇格蘭，以及北愛爾蘭設有類似教育管理的機構。環顧英國歷史並無校長培育制度，直到2001年中央教育與技能部（DfES）成立「國立學校領導學院」（NCSL）後，校長的培育制度隱然成形。其主要任務乃在負責校長的培育與認證、初任校長入門輔導，與現職校長的進修教育。工作重點即在執行中央教育主管機關對校長培育的方案，茲分述如下：

1. 校長專業資格檢定方案（NPQH）：提供有意擔任校長者的培育訓練與資格檢定。
2. 初任校長導入方案（HIP）：提供初任校長前三年的入門輔導訓練課程。
3. 校長領導與管理訓練課程（LPSH）：提供給具有三年職務經驗的現職校長，進行進階的領導實務學習與反思，並給予深度的回饋與診斷分析。

二、NPQH 檢定制度的流程

　　NPQH乃立基於英國的校長國家標準，此一標準對任職校長所需知識、技能與特質加以界定，自2009年起，初任校長均須具備NPQH資格證照，茲分述其流程如下：

1. 申請與評估階段：由地方的訓練與發展中心負責申請審核事宜，除學校人員外，也歡迎優秀的企業家申請。本階段主要是檢視申請者是否有成為NPQH的潛力。申請者上網填寫自我評估問卷，問卷內容包括七個領域，以作為論斷其是否有擔任校長的能力，包括：(1)學校政策的發展方向；(2)教學與學習；(3)團隊的領導與管理；(4)人

力資源發展的效率與效能；(5)績效責任；(6)持續專業發展的證明；(7)想要擔任校長的原因。

2. 前導階段：為期一年，對象是較缺乏高層級管理經驗的學員，讓學員在進入核心課程前能具備初步技能與知識。其課程流程包括：(1)首次的團體師傅教導活動；(2)訓練及發展活動；(3)最後的團體師傅教導活動。

3. 發展階段：為期一年，學員可選擇完成前導階段再進入本階段，或直接進入本階段。選擇直接進步本階段之成員需具備高層級管理經驗。本階段課程流程包括：(1)導入日；(2)訓練及發展活動；(3)學校現場本位評鑑。

4. 最後階段：始於為期2日的住宿計畫，學員將與來自不同學校背景的同僚接觸，並與專家互動，包括：(1)兩日的住宿計畫；(2)總結評鑑。

5. 證照授予：總結階段有一整天的總結評鑑，功能在確保學員都已具備擔任校長之專業能力，再與NPQH的輔導員進行深度個人晤談。總結評估後通過者，授予NPQH證照，並參加證照授予典禮。

三、NPQH 檢定制度的路徑

　　地方訓練與發展中心根據學員線上需求評估問卷、最近三年的專業發展證明，與自身相關能力證明進行審查，以決定申請人為標準路徑或加速路徑。茲分述如下：

1. 路徑一：前導至最後階段須全程參加。
2. 路徑二：參加包含訓練的發展階段到最後階段。
3. 路徑三：僅參加不須訓練的發展階段後半段到最後階段。

英國校長培育課程

校長專業資格檢定方案（NPQH）

初任校長導入方案（HIP）

校長領導與管理訓練課程（LPSH）

階段	活動	標準路徑（必須訓練）		加速路徑（不須訓練）
		路徑一（無領導經驗）	路徑二（部分領導經驗）	路徑三（豐富領導經驗）
前導階段	1. 首次團體師傅教導活動	v		
	2. 訓練及發展活動	v		
	3. 最後團體師傅教導活動	v		
發展階段	1. 導入日	v	v	v
	2. 訓練及發展活動	v	v	v
	⑴ 面對面訓練學習	v	v	
	⑵ 線上學習	v	v	
	⑶ 學校參訪	v	v	v
	3. 學校現場本位評鑑	v	v	
最後階段	1. 兩天的住宿計畫	v	v	v
	2. 總結評鑑	v	v	v
	3.NPQH 證照授予	v	v	v
正常完成 NPQH 時間		12 至 18 個月	約 15 個月	約 6 個月

NPQH 培育活動之路徑與階段一覽表

Unit 8-4
臺灣校長培育與任用制度

圖解教育行政實務

142

一、臺灣中小學校長任用的法源

1. 「教育人員任用條例」第27條第1項：國民中、小學校長之遴選，除依法兼任者外，應就合格人員以公開方式甄選之。
2. 「國民教育法」第9條第3項：縣（市）立國民中、小學校長，由縣（市）政府組織遴選委員會就公開甄選、儲訓之合格人員、任期屆滿或連任任期已達二分之一以上之現職校長或曾任校長人員中遴選後聘任之。

二、臺灣中小學校長的任用程序

臺灣中小學校長之任用程序大致分為五個階段，茲分述如下：

1. 審定資格：一般各直轄市或各縣市政府均依照「教育人員任用條例」第4條（國小校長）及第5條（國中校長）辦理資格審查。原則上，應具備教師證書並擁有二年以上主任經驗者方得參加審查。
2. 公開甄選：形式上，多為筆試加上口試。筆試與前述審定資格——即積分審查——會合併計算成績，雖屬於初試，但大部分縣市均以筆試加積分審查分數占較高比例；而有些縣市會在複試的口試前，派員至各個學校做單位表現審查，以了解平時這位甄選者的為人風評如何，大部分縣市複試仍以口試為主。
3. 儲訓考核：在甄選錄取後，會經過一段時間的儲訓期，儲訓期滿考核通過者，即頒發校長儲訓證書，成為候用校長。
4. 參加遴選：一般擔任候用校長者，均會借調進入教育局處協助行政業務，一來可以獲得不同行政經驗；二來可以累積人脈，對於日後的人力資源上有很大助益。

5. 正式任用：教育局處會每年進行缺額調查，除候用校長外，尚須考量甄選儲備之校長，以備不時之需。由於近來年金改革甚囂塵上，因此校長退休比例減緩，導致各縣市目前候用校長多數仍難遴選派任之窘境。

三、考試制的優缺點

臺灣行政人員的甄選過程偏重考試，無論是一般教育行政人員或是學校行政人員，均須參加公開考試取得資格。茲將考試制之優缺點分述如下：

1. 優點：(1)可促進學用合一；(2)公平公開，杜絕徇私。
2. 缺點：(1)較難擇人而用；(2)偏重學理，較失客觀性。

四、校長培育與任用制度的改進方向

綜觀世界各國改進之方向，大致可分為六點，茲分述如下：

1. 審定資格明確化：分析校長職位的特質，訂定明確資格審查機制。
2. 評估方法多樣化：運用多種方法進行甄選評估，取代以往考試，尤其是一（筆）試定終身的弊病。
3. 評量人員專業化：聘請學有專精且受過訓練的評量人員擔任。
4. 甄選方式精進化：定時檢討甄選方式與內容，留優汰劣，使其不斷精進。
5. 培育課程優質化：力求培育制度與課程更符合社會需求。
6. 輔導制度優先化：強化校長輔導制度，建立適當支援系統。

中小學校長的任用程序

審定資格　　　　　儲訓考核　　　　　正式任用

　　　公開甄選　　　　　參加遴選

考試制的優缺點

優點
1. 可促進學用合一
2. 公平公開，杜絕徇私

1. 較難擇人而用
2. 偏重學理，較失客觀性
缺點

校長培育與任用制度的改進方向

審定資格明確化　—　評估方法多樣化　—　評量人員專業化

輔導制度優先化　—　培育課程優質化　—　甄選方式精進化

Unit 8-5
美國教育行政人員的甄選資格

一、美國教育行政人員的甄選特色

　　美國教育行政人員甄選著重在證照的取得與否，其證書種類繁多，茲分述如下：
1. 小學校長證照。
2. 中學校長證照。
3. 高中校長證照。
4. 普通行政人員證照。
5. 視導人員證照。
6. 教育局長證照。

　　基本上，如要擔任教育行政工作，必須要先取得相關證照，而其管道多半需具備研究所以上的學歷。

144

二、美國中學校長的甄選資格

　　以中學校長甄選為例，中學校長全國協會（NASSP）曾訂出評量的12個層面，其中包括：⑴問題分析能力；⑵判斷能力；⑶組織能力；⑷果斷力；⑸領導技巧；⑹敏感性；⑺對壓力之忍受度；⑻口語溝通能力；⑼書寫溝通能力；⑽興趣之廣度；⑾動機強度；⑿教育價值觀。其甄選流程如下：
1. 評量人員進行觀察評量：聘請6位學有專精並受過訓練的評量人員，在2天的時間中，藉由各種活動觀察12位參與評量的人員。
2. 評量人員撰寫報告：評量人員在觀察評量後，即進行報告之撰寫，說明每一位被觀察者的優缺點與改進之建議。

三、美國中小學校長的任用資格

　　美國各州取得中小學校長資格，大致必須具備下述三個條件，茲分述如下：

1. 學歷：獲得被認可的教育相關院校之碩士或博士學位。
2. 經歷
   ⑴ 最少須具有一定年限之教學經驗，大部分為三年以上的優異教學經驗。
   ⑵ 取得教師證照。
   ⑶ 相關教育行政實習或服務年限。
3. 專業
   ⑴ 需修畢各州所要求之一定教育行政專業課程的學分數。
   ⑵ 修習研究所階段的教育行政課程。

四、美國中小學校長的甄選過程

　　以愛荷華州（State of Iowa）為例，取得州教育廳所發給的局長證照，需具備以下條件：
1. 具有取得專業證照之基本資格。
2. 具有相關教育行政主修的碩士學位。
3. 碩士學位後，又再進修規定之研究所教育行政學分達30個以上，並且成績優異。
4. 至少有四年之教學經驗。
5. 在進修碩士後學分之研究所指導下，曾修習有關實習課程，或具有同等經驗。

五、美國教育局長甄選資格

　　美國中小學校長之產生多由人民選舉之地方學區教育委員會進行甄選。各地區訂出基本資格後，由持有證照者加以角逐。程序多由委員先檢視其以往學經歷與表現，接著進行口試。口試聘請專業評鑑人員進行，最後由委員投票決定人選。

美國中學校長甄選的考量層面

問題分析能力	判斷能力	組織能力	果斷力
領導技巧	敏感性	壓力忍受度	口語溝通能力
書寫溝通能力	興趣廣度	動機強度	教育價值觀

美國中小學校長任用資格

學歷	經歷	專業
碩士學位	教學經驗	修畢一定學分數
博士學位	教師證照	研究所教育行政課程
	教育行政實習	
	教育行政服務年限	

Unit 8-6
臺灣教育行政人員的甄選資格

一、人員甄選的基本資格

各國在設計甄選制度時，多訂有基本資格之限定，包括：1.一定學歷之規定；2.一定之教學經驗；3.一定證照之取得；4.年齡之限制。

二、臺灣教育行政人員的甄選類型

臺灣的教育人員甄選的特色在於特重考試，大致分為兩類，分述如下：

（一）各級教育行政機關人員

依「公務人員任用條例」及其施行細則規定，參加由考試院舉辦高普考或其他特考相關教育體系所產生。其具有文官資格，隸屬於普通行政體系中。

（二）各級公立學校行政人員

依「教育人員任用條例」及其施行細則中所列的學校行政人員，除校長外，均由教師兼任，包括：校長、主任、組長，以及副組長等。

三、教育人員任用之消極與積極資格

茲以國中校長為例，分述其消極資格及積極資格如下：

（一）消極資格

消極資格即為人員的任用限制，校長亦屬於教育人員，適用其消極資格。例如根據「教育人員任用條例」第31條規定，具有下列情事之一者，不得為教育人員；其已任用者，應報請主管教育行政機關核准後，予以解聘或免職：

1. 曾犯內亂、外患罪，經有罪判決確定或通緝有案尚未結案。
2. 曾服公務，因貪污瀆職經有罪判決確定或通緝有案尚未結案。

3. 曾犯「性侵害犯罪防治法」第2條第1項所定之罪，經有罪判決確定。
4. 依法停止任用，或受休職處分尚未期滿，或因案停止職務，其原因尚未消滅。
5. 褫奪公權尚未復權。
6. 受監護或輔助宣告尚未撤銷。
7. 經合格醫師證明有精神病尚未痊癒。
8. 經學校性別平等教育委員會或依法組成之相關委員會調查確認有性侵害行為屬實。
9. 經學校性別平等教育委員會或依法組成之相關委員會調查確認有性騷擾或性霸凌行為，且情節重大。
10. 知悉服務學校發生疑似校園性侵害事件，未依「性別平等教育法」規定通報，致再度發生校園性侵害事件；或偽造、變造、湮滅或隱匿他人所犯校園性侵害事件之證據，經有關機關查證屬實。
11. 偽造、變造或湮滅他人所犯校園毒品危害事件之證據，經有關機關查證屬實。
12. 體罰或霸凌學生，造成其身心嚴重侵害。
13. 行為違反相關法令，有關機關查證屬實。

第1項教育人員為校長時，應由主管教育行政機關予以解聘，其涉及第8款或第9款之行為，應由主管機關之性別平等教育委員會或依法組成之相關委員會調查之。

（二）積極資格

積極資格即為任用人員的必備條件，根據「教育人員任用條例」第5條，國中校長即必須具備下列資格之一：

1. 曾任國民中學教師五年以上，及各級學校法規所定一級單位主管之學校行政工作三年以上。

2. 曾任國民小學或中等學校教師三年以上或合計四年以上，及薦任第八職等以上或與其相當之教育行政相關工作二年以上。

3. 曾任各級學校教師合計七年以上，其中擔任國民中學教師至少三年，及國民中學一級單位主管之學校行政工作二年以上。

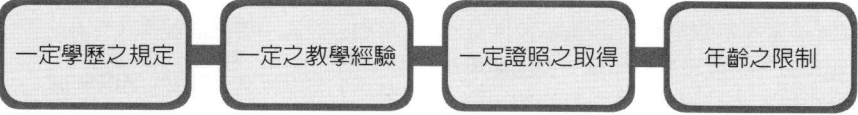

人員甄選的基本資格

一定學歷之規定　　一定之教學經驗　　一定證照之取得　　年齡之限制

臺灣教育行政人員的甄選類型

各級教育行政機關人員
- 公務人員任用條例
- 教育局副局長、科長、督學、科員、辦事員，與學校職員等

各級公立學校行政人員
- 教育人員任用條例
- 學校校長、主任、組長、副組長等

消極資格　　　　人員的任用限制

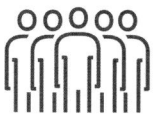

積極資格　　　　人員的必備條件

Unit 8-7
教師培育制度（Ｉ）

一、臺灣教師培育制度的演進

中國最早的師範學校為1897年所建的「南洋公學師範院」。1904年清廷頒布「奏定學堂章程」，設立優等師範學堂與初級師範學堂。1912年民國肇始，將初級師範學堂改為師範學校，優級師範學堂改為高等師範學校。

1922年實施新學制後，師範學校則分為簡易師範學校（招收小學畢業生）與師範學校（招收初中畢業生）兩種；高等師範學校則改為師範大學或併入普通大學。

1979年「師範教育法」公布實施後，才明定師資培育管道與內容。

1994年通過「師資培育法」，將師資培育機構擴充為由師範校院、設有師資培育相關學系、或師資培育中心之大學。師資培育朝向更高層次與更多元化的目標邁進。

二、各國教師培育機構的類型

各國由於政經文化與教育背景差異，對於培育各級各類師資的機構有多種設計，茲分述其類型如下：

1. 高中層級的師範學校：如臺灣以往的普通師範學校（師專）或中國大陸的中等師範學校，招收初中畢業生或具有同等學力的社會青年。以培育合格的小學與幼兒園教師。
2. 師範校院或大學：如臺灣的教育大學、師範大學；英國的教育學院。招收高中畢業生。以培育初等或中等教育師資為主。
3. 綜合性大學：如臺灣一般四年制大學，提供學門不限於教育，而包括工、醫、農、商、法等相關系所。其在培育師資方面，或設立教育院系，或提供相關教育學程。

4. 其他短期師資培育機構：如英國的大學教育系，招收大學畢業生，提供一年的教育專業課程，修畢後可參加中學教師考試。原則上不授予學位，只發給結業證照。

以上四種師資培育機構，各國依其需要加以選擇。如美國培養師資傾向綜合大學，臺灣則已無高中層級師範學校存在。

三、公辦與公私合辦的師培制度

1. 公辦制度：主要以師範院校大學部畢業，以及大學校院教育學院、系、所畢業且修畢規定教育學分者。
2. 公私合辦制度：主要為本國大學校院或教育部認可之國外大學校院畢業修滿教育學程或學分者。

四、公辦師培制度的優缺點

公辦與公私合辦制度，其利弊互異（公辦之優點即公私合辦之缺點），茲將其優缺點分述如下：

（一）公辦的優點

1. 可統籌師資之需求，並進而加以培育，使供需間達到平衡。
2. 實施公費政策，吸引優秀人才就讀，以促進師資之素質。
3. 由國家統一興辦，可避免私人插手所造成的教育政策之分歧。

（二）公辦的缺點

1. 忽視教育自由市場的精神，因競爭者少，名額受到保障，難以取優汰劣。
2. 政府須負擔龐大的培育經費。
3. 師範院校同質性太高，學生在受教層面上過度狹隘。

臺灣教師培育制度的演進

1897 年	1904 年	1912 年	1922 年	1979 年	1994 年
南洋公學師範院為中國最早的師範學校	清廷頒布「奏定學堂章程」，設立優等師範學堂與初級師範學堂	民國肇始，將初級師範學堂改為師範學校，優級師範學堂改為高等師範學校	實施新學制後，師範學校分為簡易師範學校與師範學校；高等師範學校則改為師範大學或併入普通大學	公布實施「師範教育法」，以明定師資培育內容與管道	通過「師資培育法」將師資培育機構擴充至師範校院、設有師資培育相關學系、或師資培育中心之大學

各國教師培育機構的類型

高中層級的師範學校
- 招收初中畢業生
- 三年或四年制為主

師範校院或大學
- 招收高中畢業生
- 四年制為主

綜合性大學
- 招收高中畢業生
- 四年制為主

其他短期師資培育機構
- 招收大學畢業生
- 一年制為主

公辦師培制度的優缺點

優點
- 統籌師資需求
- 實施公費政策
- 避免政策分歧

缺點
- 難以取優汰劣
- 經費負擔龐大
- 學生同質性高

Unit 8-8
教師培育制度（II）

圖解教育行政實務

五、師資培育的科目

在師資培育的課業安排上，可分為以下科目，茲分述如下：

（一）普通科目

係指一般基礎的知識科目，為大學生不論其科系主修而均應研習者。其範圍大致包括：「口語與書寫溝通能力」、「基本數學與應用科技的能力」，以及一般在「文史、藝術、科學」上的知識。

例1：美國師資培育最注重「學科整合」，故其普通科目包括文史（英語、哲學、文學）、藝術（美術、音樂）、社會科學（法律學、社會學、政治學）、數理（數學、物理、地球科學）等領域。

例2：臺灣之普通科目則包括：語文、歷史，以及通識科目等，涵蓋面不及美國。

（二）教育專業科目

係指有關教育與教學的專門知識，其範圍大致包括：學習理論、學習成就的測量、教室管理、教育科技的使用，與相關教育基礎學門（教育哲學、教育史、教育行政）。

例1：美國之教育專業科目包括：教育基礎知識（教育概論、中等教育、初等教育）、教學方法與技能（教育心理學、教學原理、各科教材教法、教育評量與測驗），與教育實習三大領域。

例2：臺灣師資培育法中所稱的教育學程，即全部為教育專業科目，內容包括：教育概論、教育心理學、各科教材教法、教室管理等，修畢後才能取得實習教師資格，實習期滿通過教師檢定後，成為合格教師。

（三）專門科目

係指教師日後主要教授科目的專業知識，例如：語文、數學、音樂、歷史等領域，其研習深入程度則視教學職位不同而有所差異。

例1：小學教師面臨包班制的問題，較採通才教育形式；中學教師以科任為主，故對其主教之學門則要求深入，以能教導學生更為專精的知識。

例2：原則上，為應付實際教學情況，中學教師也必須採取主副修制，以擴大日後開課能力與範圍。目前由於少子化現象導致教師超額問題嚴重，為解決此問題，教育主管機關紛紛建議教師進修第二專長，進行加科登記。

（四）潛在課程

除了普通、教育專業、專門科目外，師培教育也不能忽視潛在課程的存在，其雖非正式課程，但卻藉著現有課程結構與培育制度的設計而加以傳達為人師表的教育理念。

六、師資培育的課程制度

前述之師資培育課程，其比重與修習之順序，因各國體制不同頗有差異。其安排種類分述如下：

1. 四年一貫制：三種課程在培育其間交互並行，學生從第一年起即接觸普通、教育專業、專門課程。

2. 二加二制：以前兩年修習普通學程與基本專門課程，後兩年再修習教育專業課程，此制在美國頗為盛行。

3. 學士後研究制：招收有志於教育工作的大學畢業生，給予一定年限（如一至兩年）的課程研習，其範圍均為教育專業科目。

師資培育的科目

普通科目	係指一般基礎的知識科目,為大學生不論其科系主修而均應研習者
教育專業科目	係指有關教育與教學的專門知識
專門科目	係指教師日後主要教授科目的專業知識
潛在課程	非正式課程,但卻藉著現有課程結構與培育制度的設計而加以傳達為人師表教育理念

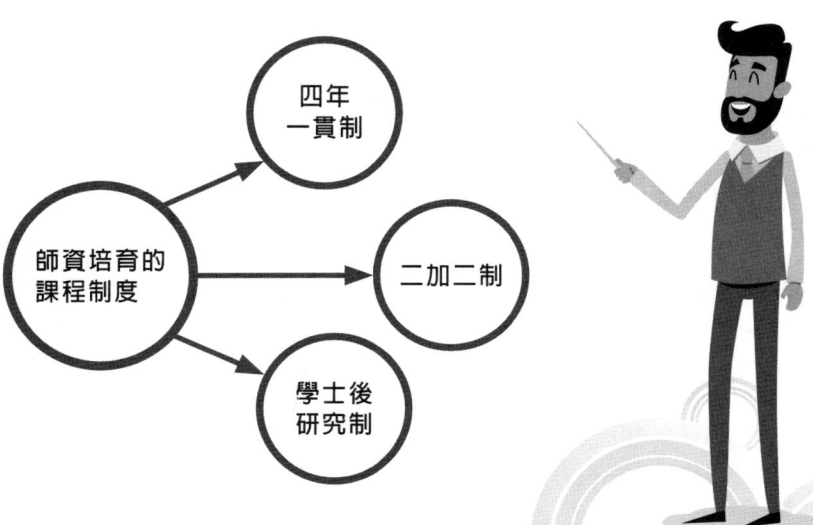

師資培育的課程制度 → 四年一貫制

師資培育的課程制度 → 二加二制

師資培育的課程制度 → 學士後研究制

Unit 8-9
教師培育制度（Ⅲ）

圖解教育行政實務

七、教育實習的功能

　　教育實習的功能乃在使學生成爲正式教師之前，能透過進入班級中實際接觸學生的過程，改正錯誤並吸取經驗。

八、教育實習的形式與層級

　　各國的教育實習要求並不相同，大致由數週到一年，一般而言，可分爲四個層級：
1. 講授有關實習的理論與研究，以了解其基本概念。
2. 教導有關實習的實務技巧，與所需注意之要項。
3. 在校內模擬之教室情境中，或經由短期訓練中進行教學演練活動。
4. 至眞正學校實地授課。

　　以上層級由淺而深，前三項多在師資培育機構中進行；唯有第四項才到學校中實際操作，也就是臺灣所規定的最後教育實習形式。實習期間均由大學指導教授與實習機構之師傅教師予以指導，學生在教務、學務、輔導等三處室輪替，每處室兩個月，實習期約半年，期滿由指導教授與實習學校協調，進行教學演示，演示成績及格者發給修畢職前教育證明書。

九、教師證照的取得方式

　　在取得教師證照之程序與資格上，各國之要求有所不同，茲分述如下：
1. 機構認可制：學生在認可的師資培育機構修滿學分，並順利畢業者，即自動取得教師執照。如臺灣以往在師範教育法的年代所採用的制度。
2. 學分認可制：爲大學主修不在認可的師資培育機構，而畢業後再修讀學士後教育學分的學生所設。如英國大學的教育系，招收大學畢業生，只要修畢認可學分，即可取得教師證照。
3. 考試制：顧名思義是採用不同形式之考試，作爲篩選之工具。
   例1：美國在1984年「危機國家」出版後，不少州即開始使用編定的標準測驗，以測試教師證照申請者。
   例2：德國許多邦實施的兩階段培育制度。師範生要在認可機構取得學位，結業後參加第一次國家考試，通過後取得實習教師資格；第二階段實習結束後，再參加第二次國家考試，通過後取得正式教師證照。

　　綜觀以上三種制度，臺灣中小學教師現行之取得證照方式傾向考試制。且較類同於德國兩階段方式，其法源依據如下：
1. 「教師法」第5條：高級中等以下學校教師資格之檢定分初檢及複檢二階段行之。初檢合格者發給實習教師證書；複檢合格者發給教師證書。
2. 「師資培育法」第9條第4項：學生修畢規定之師資職前教育課程，成績及格者，由師資培育之大學發給修畢師資職前教育證明書。
3. 「師資培育法」第10條第1項：持國外大學以上學歷者，經中央主管機關認定其已修畢第7條第2項之普通課程、專門課程及教育專業課程者，得向師資培育之大學申請參加半年教育實習，成績及格者，由師資培育之大學發給修畢師資職前教育證明書。

　　第一階段偏向機構認可制，學生只要修畢職前教育課程與實習，就可取得；第二階段偏向考試制，考試內容偏向筆試，並無現場試教之程序。

152

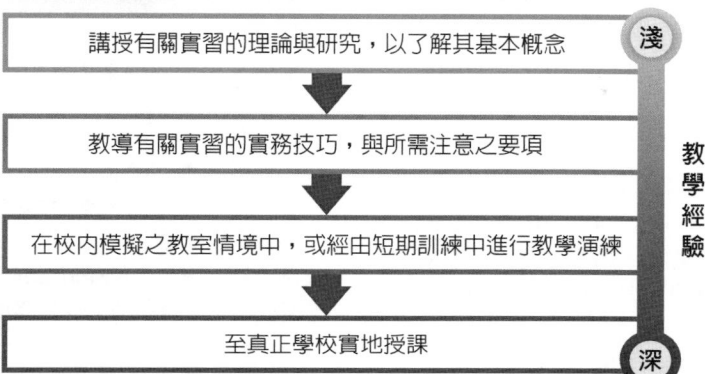

教育實習的層級

講授有關實習的理論與研究，以了解其基本概念	淺
教導有關實習的實務技巧，與所需注意之要項	教學經驗
在校內模擬之教室情境中，或經由短期訓練中進行教學演練	
至真正學校實地授課	深

教師證照的取得方式

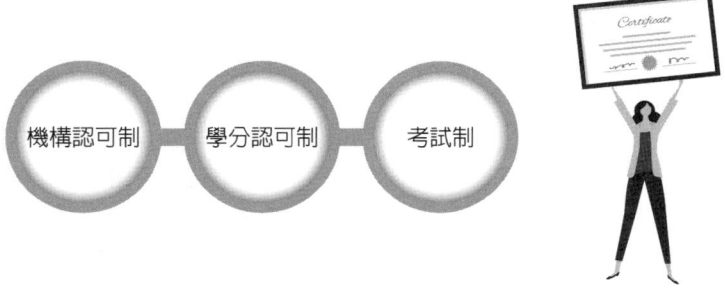

機構認可制　學分認可制　考試制

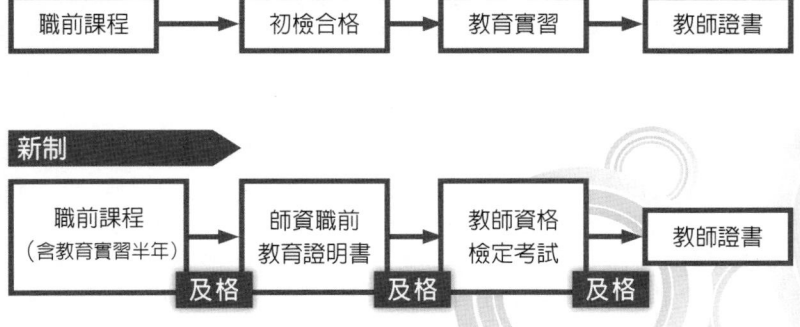

新舊師資培育制度的比較

舊制

職前課程 → 初檢合格 → 教育實習 → 教師證書

新制

職前課程（含教育實習半年） → 師資職前教育證明書 → 教師資格檢定考試 → 教師證書

及格　　及格　　及格

Unit 8-10
教師的任用、分級與待遇

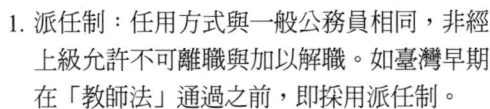

一、教師的任用方式

（一）任用方式

1. 派任制：任用方式與一般公務員相同，非經上級允許不可離職與加以解職。如臺灣早期在「教師法」通過之前，即採用派任制。
2. 聘任制：任用方式為簽訂契約，載明工作權利與義務關係，一切按契約規定。如美國與目前臺灣的教師均採取聘任制。

（二）臺灣教師聘任資格與方式

根據臺灣的「教師法」第11–13條規定，可分為下列幾種聘任方式：

1. 初聘：高級中等以下學校教師之初聘以具有實習教師證書或教師證照者為限；續聘以具有教師證照者為限。
2. 續聘：高級中等以下學校教師聘任期限，初聘為一年，續聘第一次為一年，以後續聘每次為二年。
3. 長聘：續聘三次以上服務成績優良者，經教師評審委員會全體委員三分之二審查通過後，得以長期聘任，其聘期由各校教師評審委員會統一訂定之。

（三）美國教師聘任資格與方式

在美國，教師地位並非公務員，大多數學區與教師都訂有書面契約，契約中載明教師及校方教委會的權力，諸如薪資、班級人數上限，以及在校工作時間等，以契約期間長短與教師工作權保障程度區分標準，教師僱傭契約可分為兩種類型，分述如下：

1. 試用契約：假定一定期間內，試用教師表現令人滿意，則試用教師則可經由一定程序取得長聘契約。
2. 長聘契約：長聘制度的目的在於保障教師免於學校行政者之恣意解聘行為，大多數規定於州法中執行。

二、教師分級制度

目前臺灣並無分級，只有年資的差別，只要一通過教師甄試，取得正式教師資格執教，如無「教師法」規定解聘事實，則可依年資年晉一級，除修習碩博士等較高學歷能夠跳級之外，實無任何生涯發展機會。此乃影響政府推動績效責任制度，嚴重阻礙教師的進取意願。

基本上，教師分級制的主要精神乃在希望教師依其能力、特殊貢獻或服務而獲得適當職務之升遷與報酬，並促進其專業發展，歐美與日本，甚至大陸均實施教師分級制，國內並曾有學者設計過「高級中等以下學校及幼兒園教師分級實施辦法」，惜因反彈聲浪過大而不了了之。

三、臺灣教師的待遇

美國教師待遇採取協商制，多由教師團體或工會代為出面與校方商談薪資與相關福利，其程序稱為集體協商。臺灣的待遇則依「教師待遇條例」第2條規定，教師之待遇，分本薪（年功薪）、加給及獎金。茲將其定義分述如下：

1. 本薪：指教師應領取之基本給與。
2. 年功薪：指高於本薪最高薪級之給與。
3. 加給：指本薪（年功薪）以外，因所任職務種類、性質與服務地區之不同，而另加之給與。計有三種：(1)職務加給；(2)學術研究加給；(3)地域加給。
4. 獎金：指為獎勵教學、研究、輔導與年度服務績效以激勵教師士氣，而另發之給與。

教師的任用方式 ┬ 派任制
              └ 聘任制

臺灣教師聘任方式

| 初聘 | • 初聘為一年
• 需具有實習教師證書或教師證照 |

| 續聘 | • 續聘第一次為一年
• 第二次以後為兩年 |

| 長聘 | • 續聘三次以上服務成績優良者，
經教評委員會全體 2/3 審查通過 |

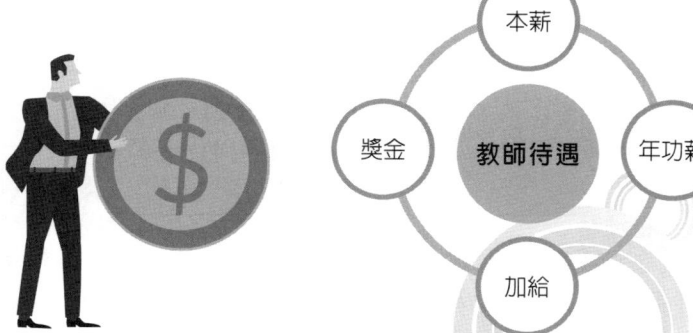

教師待遇
- 本薪
- 年功薪
- 加給
- 獎金

Unit 8-11
教育人員在職進修教育（Ⅰ）

一、教育人員進修的目的

教育人員在職進修目的大致有四種，茲分述如下：

1. 進修者僅具有代課教師資格，故需參加補習課程，吸取專業知識，以符合申請正式證照之要求。
2. 進修研究所階段相關專業學分，更新其在教育與主教科目之技巧與知識。
3. 攻讀更高之教育學位（如碩士或博士）。
4. 為吸收解決教育相關問題的知識，參與專題的短期課程。

二、教育人員進修的方式

為配合以上多樣之需求，茲將幾種進修方式分述如下：

1. 選修師資培育機構的一般、夜間、或週末所提供的課程。
2. 參加教育主管單位或專業團體所舉辦的研討會。
3. 參觀示範教學或至他校交換教學。
4. 至國外學校參觀或進修學分學位。
5. 校內訂定同仁研習時間，聘請專家學者至校座談或講演。
6. 至教育人員研習中心修習相關知識與課程。
7. 經由空中（電視或廣播）接收在職訓練的相關課程。
8. 自我進修，平日自報章雜誌與其他媒體節目中吸收知識。

三、教育人員進修的地點

1. 教師研習中心：多為政府或是民間專業團體所設立，結合學者專家為教育人員設計不同層次的進修課程。
2. 師範大學與一般大學：可以修習學校一般課程，或參加特別為其設立的學分課程。修畢後可取得學分證明或得到學位證書。
3. 專題研討會之舉辦地點：包括各類學校或是校外場所，多半為相關教育專題所舉辦的短期研討會，由學者專家與各方交換意見或經驗。
4. 隔空教育：修習之方式多經過媒體之傳播。進修者可依自我需求觀看或收聽相關課程，期末並經過評量而取得學分證明。

四、教師在職進修的內容

教師在職訓練計畫可以包括的主題，茲分述如下：

1.基本的教學技能。
2.有關課程、教法，以及測驗的基本知識。
3.有關學生學習與輔導的理論與技巧。
4.教室管理（班級經營）的理論與技巧。
5.幼兒與青少年心理學。
6.教具之製作與使用。
7.如何使自我成長與發展。

五、完備進修計畫的步驟

學者Joyce與Showers指出設計完備的進修計畫步驟有五，茲分述如下：

1.呈現新技巧的理論基礎。
2.說明技巧之內容與實施程序。
3.在模擬的課堂情境中應用新技巧。
4.自模擬中獲得回饋。
5.應用於實際工作中並提供適當的指導。

其特色在打破以往排排坐聽演講的單向溝通，而要求受訓者參與討論及應用的過程，培育其解決問題的能力，並在其中將理論與實務結合。如此才能使進修者動機增強，並學以致用。

申請證照的資格 加深專業的知識

教職人員
進修目的

攻取更高的學位 解決面臨的問題

教師在職進修的內容

基本的教學技能	課程、教法與測驗
學生學習與輔導	班級經營
教育心理學	教具製作與使用
自我成長與發展	

Unit 8-12
教育人員在職進修教育（Ⅱ）

158

六、促動進修的措施

各國對於教育人員在職進修，大多以獎勵制度為主，茲將其採取措施分述如下：

1. 給予公費與公假進修：美國各州大多規定教學至一定年限之後，可享有公假進修待遇。一般為數星期至數個月。

2. 實施進修加薪制：准許教育人員在進修更高學位或獲取若干學分後，給予在待遇上的提高。

3. 實施進修換證制：美國部分州規定教師證照需在一定時間內更換，而其條件之一即是必須在職進修若干學分；不從者即失去證照與執教資格。

4. 實施進修積分制：准許教育人員在進修後，依其程度獲得若干積分點數。

5. 實施減量工作制：對於進修期間的教育人員，不但給予公假，還額外僱用其他人手減輕其工作負擔。

七、未來改革的方向

檢視先進國家在職教育努力的方向與成果，茲將重要者分述如下：

1. 獎勵民間專業團體承辦進修業務：為使進修計畫更具專業與本土化，不妨撥發經費由各地民間專業團體承辦。

2. 建立進修換證制度：臺灣目前並無任何強迫規定，但是可以考慮進修換證制度或是採取較為溫和的措施（如多少年不進修，薪資即予以凍結），以促動教育人員的進修意願。

3. 建立休假與公費進修制度：臺灣可以仿效先進諸國的休假進修制，凡工作至一定期限，可獲得若干公假，但其必須使用於進修活動中，如此教育人員才可專心研習而不至於疲於奔命。

4. 建立在職進修是師資教育一環的觀念：臺灣以往多將師資培育教育重點放在職前教育，遂使某些教育人員認為進修乃不必要之舉。今後應將加強朝野對在職進修的觀念，使師資教育貫穿整個教育工作生涯。

八、師資培育與進修制度的發展趨勢

由於臺灣多將師培教育重點放在職前教育，因此造成在職進修意願相對較低。目前世界各國的趨勢或可加以借鏡。茲分述如下：

1. 採取多元化與全方位的培育制度：保留部分傳統師範院校，同時也在其他機構如普通綜合大學，建立教師培育系組或學程。目前臺灣已逐步朝向這種方式。

2. 中小學師資培育皆已提升至大學階段：臺灣除了學士的基本要求外，尚可考慮比照某些國家，將高中教師層級提升到碩士階段。

3. 教師證照制度與連續考核制度的建立：臺灣對此要求較為鬆散，並未實施換證制度，以致未若美國之制度可以積極促進教師不斷進修。

4. 培育時間與課程採取多樣化經營：臺灣可參考美國的「代用教師證照」制度或是日本的短期大學等多樣化方式，如此才能應付不同的師資需求。

5. 重視教師的在職進修：臺灣應加強朝野對在職進修的概念，以獎勵的方式，輔以配套措施，溫和漸進地推動「一日為師，終身受教」的理念。

促動進修的措施

公費與公假	進修加薪制	進修換證制	進修積分制	減量工作制

未來改革的方向

1 獎勵民間專業團體承辦進修業務

2 建立進修換證制度

3 建立休假與公費進修制度

4 建立在職進修是師資教育一環的觀念

師資培育與進修制度的發展趨勢

採取多元化與全方位的培育制度	培育時間與課程採取多樣化經營
中小學師資培育皆已提升至大學階段	重視教師的在職進修
教師證照制度與連續考核制度的建立	

第 9 章

教師專業權利與義務

●●●●●●●●●●●●●●●●●●●●●●●●●●●

　　教師之職位乃是一種專業，依法有其相關之權利義務。華人社會自古即有禮遇教師的傳統，所謂「天地君親師」，當時教師受到高度尊崇。反觀在現今的法治社會中，傳統以道德規範教師行為之力量漸減，然而教師之作為卻不能違背法律，否則即有被懲處的可能。在師道難為的今日，為人師表者應確實了解自我的專業權利義務，如此才能對其角色扮演有所依據。

　　本章先論述教師的權利，包括管教權與工作保障權，而工作保障權則涉及教師申訴制度；繼之針對教師組織與工會作探討；最後，則論述相對於教師權利之教師義務。

Unit 9-1
教師的專業權利

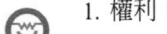

圖解教育行政實務

162

一、權利與義務的定義

1. 權利：法律賦予特定人享受特定利益之力。
2. 義務：法律上應爲或不爲一定行爲之拘束。

二、廣義的教師權利

　　教師亦爲普通人民，理應享有作爲一位公民應享有之權利，茲分述如下：

1. 憲法的權利：包括「憲法」第7條平等權到第18條應考權與服公職權等人民應享有權利，教師皆應享有。
2. 民法的權利：教師同樣享有民法賦予人民的私權，包括財產權及身分權兩大類。
3. 刑法的權利：教師如一般人民，均受刑法之保護，而不受到他人傷害、背信、妨害自由等作爲。
4. 行政法的權利：教師如具有國家公務員身分，則享有公務員之相關權利。
5. 訴訟法的權利：教師權利受損時，可依其被侵害之事實，提出申訴、訴願、訴訟，以及要求賠償損害等權利。

三、教師的專業權利

　　綜觀各國教育行政制度，歸納中小學教師在相關教育事務與專業領域上，其專業權利分述如下：

1. 言論自由權：保障教師在一定的法律規範下，基於學術良知，可提出與校方不同之意見，且不會因此遭到解聘等處分。
2. 專業自主權：教師爲達成教育目標，必須在不違背法令之前提下擁有專業自主與裁量權，以適時提供最佳教學品質。專業自主權大致可包括課程設計、評定成績，以及輔導學生三部分。

3. 俸給及相關福利權：教師的工作，依其學經歷，享有一定之俸給。
4. 進修權：進修是教師的權利也是義務，唯有在賞罰並重的作法下，進修制度才能獲得最大的成效。
5. 結社權：教師可依不同需求組織教育專業團體或教師工會，以提升專業與維護權益。
6. 工作保障權：係指校方不得無故或恣意將教師降職、解聘，或是不續聘。
7. 申訴權：教師對於主管教育行政機關或學校有關個人之措施，認爲違法或不當致損害其權益者，得依法提出申訴。
8. 罷教權：各國對此權看法不一，有的國家完全禁止；有的國家卻有條件開放。
9. 管教權：牽涉到教師爲導正學生不當行爲，必須有適當權限以維持教學秩序。

四、臺灣教師的專業權利

　　依據臺灣相關法令而言，茲將臺灣教師在專業權利上擁有之法律規定分述如下：

1. 「教師法」第11條、14條與15條：確立長期聘任制度與解約處理程序，對於教師工作保障權有一定之維護。
2. 「教師法」第16條：規定了包括言論自由權、專業自主權、俸給及相關福利權、進修權、結社權，與申訴權。
3. 「教師法」第17條第4項：將管教列爲義務而非權利。
4. 「勞資爭議處理法」第54條第2項：規定教師沒有罷工之權利，因此目前教師並無罷教權。

憲法的權利

訴訟法
的權利

廣義的教師權利

民法的權利

行政法
的權利

刑法的權利

教師的專業權利

言論
自由權

專業
自主權

俸給及相
關福利權

進修權

結社權

工作
保障權

申訴權

罷教權

管教權

Unit 9-2
教師管教學生的爭議

圖解教育行政實務

164

一、管教的定義

　　管教係指校方或教師為達教育目的，運用管理與輔導手段，變化學生氣質，以端正其偏差傾向的行為。在實務上，管教往往獎賞與懲罰並用，前者鼓勵或增強學生的正向行為；後者則試圖導正學生的偏差行為。

二、管教的範圍

　　管教的範圍包括懲戒；懲戒則包括體罰，茲將懲戒與體罰分述如下：

1. 懲戒：校方或教師對學生之偏差行為，施加身心上的痛苦，或是剝奪其應享權益之行為。懲戒之目的不在報復，而是希望喚起受罰者之精神悔悟，使其之後不再違犯。

2. 體罰：對學生加以懲戒，使之身體疼痛或造成疲勞之行為。常見的體罰形式有罰站、罰抄書、罰公差、罰跑操場、打手心、打耳光等。其目的多在藉由使學生身體疼痛或疲勞，使其不敢再犯而改正行為。

三、體罰的爭議

　　檢視贊成與反對體罰正反雙方之立場，其論點乃在正方認為體罰學生乃必要之惡，在班級人數龐大之情況下，教師可在最短時間內解決咎由自取學生的紀律問題，以維護其他學生之上課權益。反對者則堅信體罰不能解決學生問題，且教師權限太大，容易主觀且漫無標準。

四、懲戒的爭議

　　教師懲戒權的法理基礎有三種，茲分述如下：

1. 由父母懲戒權轉移而來：此即英美法系國家「代理父母」的觀念，認為父母將子女託付給教師，自然也允許其代替行使懲戒權。

2. 由特別權力關係衍生而出：認為公立學校學生註冊入學，與校方即形成公法上之營造物關係。

3. 由相關法律加以授權施行：為避免侵害學生人權，懲戒類型與程序宜由法律定之，以避免教師或校方在施行時的失當。

五、各國對學生的懲戒措施

　　除體罰之外，各國對教師的懲戒大同小異，茲從輕微到嚴重程度分述如下：

1. 口頭訓誡：面告學生其所犯錯誤，並加以申誡。

2. 取消特惠：如剝奪學生參加學校校隊機會，要求其限期改善，視其行為再決定是否予以解凍。

3. 放學後留校：規定學生放學後，必須在學校進行服務或參與心理輔導活動。

4. 學業制裁：對於成績低落或是行為不檢學生，予以扣分、留級、乃至不授與畢業文憑的處置。

5. 懲戒性轉學：因學生之不當行為，強制令其轉學至學區內另一所學校，使其在新環境中重新出發與學習。

6. 短期停學：即在家管教，一般大約在10天內的處分。學生必須待在家中，按時與學校聯絡。

7. 長期停學：對一再違犯校規或有重大犯罪行為之學生，令其於一季、一學期、一學年不得上學之懲戒處分，亦包括退學之措施。

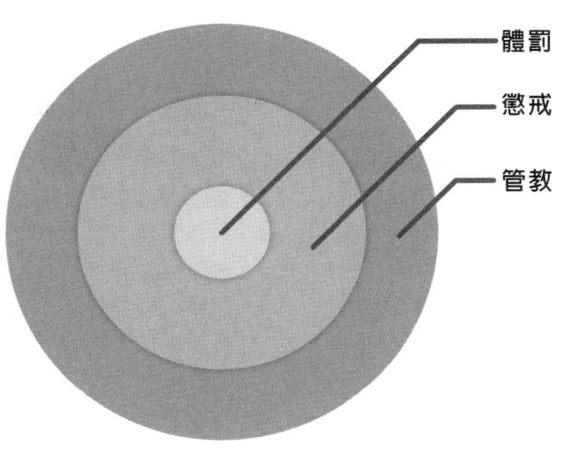

管教、懲戒、體罰的關係

體罰
懲戒
管教

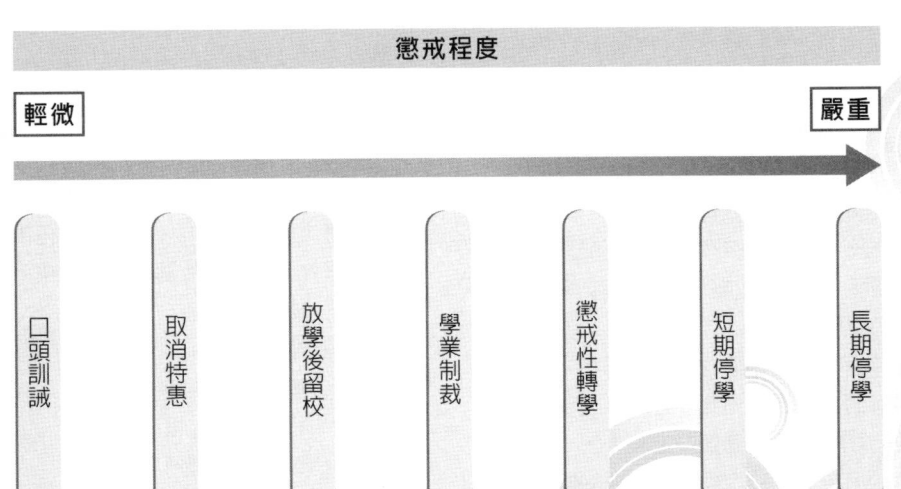

對學生的懲戒措施

懲戒程度

輕微　　　　　　　　　　　　　　　　　　　　　嚴重

口頭訓誡　取消特惠　放學後留校　學業制裁　懲戒性轉學　短期停學　長期停學

Unit **9-3**
教師工作權的保障

一、美國教師解約的正當程序

美國法院依據「聯邦憲法」第14條修正案中所謂「正當程序條款」，來保衛教師工作權。原則上，在任何時間解約長聘教師，或是在契約期間解約試用教師，均需符合本條例的規定，簡而言之，整個正當程序包括兩部分，茲分述如下：

1. 事前通知：主要目的乃在使教師了解其被控訴的確實原因，與給予充足時間答辯。
2. 聽證
   (1) 決定解約前的聽證：給校長與教育局長的主方；與身為教師的受僱方兩造雙方另一次機會檢視解約之行為是否合理。
   (2) 決定解約後的聽證：學區教育委員會為聽證的仲裁者，聽取行政體系與教師雙方反應後，做出是否支持解約的決定。

法院會依據教委會列舉其決定所依據的證據內容來判定解約與否。如果證據不足，法院會做出與教委會相反的判定。

二、美國教師解約的要件

1. 及時發出對教師控訴的通知。
2. 給予教師聽證的機會。
3. 給予充足時間以讓教師準備反駁。
4. 教師有權得知其被控訴之證據事實與證人的姓名。
5. 教師有權聘請法律代表為其辯護。
6. 教師有權提出有利其一方之證人或證據。
7. 雙方均得交互質詢對方之證人。
8. 教師有權要求聽證過程與判決的記錄。
9. 對於不利己方之決定，雙方均有權向法院提出訴訟。

三、美國教師解約事由的規定

由歷史的觀點而言，長期聘約的訂定乃是保障教師不因上級的主觀偏見而受排擠解約；另一方面，對於不適任的教師，卻必須明列解約事由以將之逐出。檢視各州的解約條款，解約事由主要包括四項：

1. 道德操守不佳。
2. 無法服從指示。
3. 怠忽職位任務。
4. 無法勝任工作。

由於各解約事由文字多半抽象，發生糾紛時，往往必須由主審法院加以認定。

四、臺灣教師工作權相關法令

1. 關於任用限制：「教師法」第14條、14-1條、14-2條、14-3條、15條、15-1條；「教師法施行細則」第16條；「教育人員任用條例」第31-35條、38條。
2. 關於申訴及訴訟：「教師法」第29-33條。
3. 關於不適任者之處理：「不適任教育人員之通報與資訊蒐集及查詢辦法」第3條。

五、臺灣保障教師的四個關卡

臺灣「教師法」與「教育人員任用條例」均有保障教師不被無故解聘、停聘或不續聘的內容，茲分述如下：

1. 列舉解約事由。
2. 教師評審委員會之決議。
3. 主管教育行政機關之核准。
4. 提供申訴或訴訟的管道。

美國教師解約的要件

1. 及時發出對教師控訴的通知
2. 給予教師聽證的機會
3. 給予充足時間以讓教師準備反駁
4. 教師有權得知其被控訴之證據事實與證人的姓名
5. 教師有權聘請法律代表為其辯護
6. 教師有權提出有利其一方的證人或證據
7. 雙方均得交互質詢對方之證人
8. 教師有權要求聽證過程與判決的記錄
9. 對於不利己方之決定，雙方均有權向法院提出訴訟

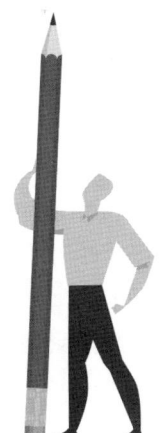

167

臺灣保障教師四個關卡

列舉解約事由

主管教育行政機關之核准

教師評審委員會之決議

提供申訴或訴訟的管道

Unit 9-4
美國教師的申訴制度

美國聯邦憲法第10條修正案規定「凡是未經憲法規定授予聯邦政府行使，或禁止州政府行使的各種權利，一律保留給州政府或人民行使之。」因此按照憲法規定，教育權乃屬於各州政府所擁有。

一、美國教師申訴途徑

美國教師的申訴途徑有兩種如下：

1. 透過集體協商的程序進行仲裁。
2. 提起訴訟，由司法程序解決爭端。

二、美國教師的申訴行動

茲將美國教師可提起的申訴行動，分述如下：

1. 不利於教師處置生效前之答辯。
2. 生效後之進行仲裁。
3. 最後進入司法程序的訴訟。

三、集體協商的定義

集體協商是指僱主與受僱者的代表在互信的氣氛下，協商工作的環境與雙方之權利義務。

四、集體協商的情境

一般而言，根據州法有三種不同的集體協商情境，茲分述如下：

1. 強制協商：學區教育委員會與教師團體就有關議題協商。
2. 禁止協商：州政府全面禁止雙方協商，或在某些議題上設有限制。
3. 自由協商：州法中並未提協商事宜，故學區教委會並無義務進行協商，但在某特定情況下，學區教委會志願與教師協商。

五、集體協商的範圍與議題

1. 薪資：規定各級教師的薪資，與臺灣不同的是美國教師有上班才有領薪資，寒暑假並不支薪。
2. 工作時間：規定各級教師工作時數。
3. 工作環境：相關議題爭議較大者包括：(1)班級大小；(2)工作負擔；(3)金錢福利；(4)學術自由；(5)專業成長；(6)不續聘問題。

六、教師在不利處置做成前的申訴

教師可經由下列措施申辯，分述如下：

1. 教委會必須按照州法，在一定期限與日期內送出解職通知。
2. 在解職通知上，必須列舉所引用之州法條文，並詳述解職原因與事實。
3. 舉行聽證會。由於非司法程序，聽證會不需對大眾公開，形式上也可採取非正式的交談方式。

七、仲裁

教師可以選擇先進行仲裁，如果不行再上告法院，以免陷入曠廢時日，即使勝訴也已元氣大傷的窘境。仲裁程序是邀請公正第三者來解決合約爭端的通稱。茲將其形式分述如下：

1. 調停：善意的第三者被引進來解釋、諮詢，並且提出建議，以使爭端的雙方能達成協議。
2. 詢查事實：詢查事實與仲裁極為接近，都由第三者進行聽證、答辯後做出對爭議的判決。不同的是詢查事實所做成的判決僅為建議，不具強制力。
3. 仲裁：仲裁進行後，第三者的結論具有司法效力，雙方必須切實遵守。

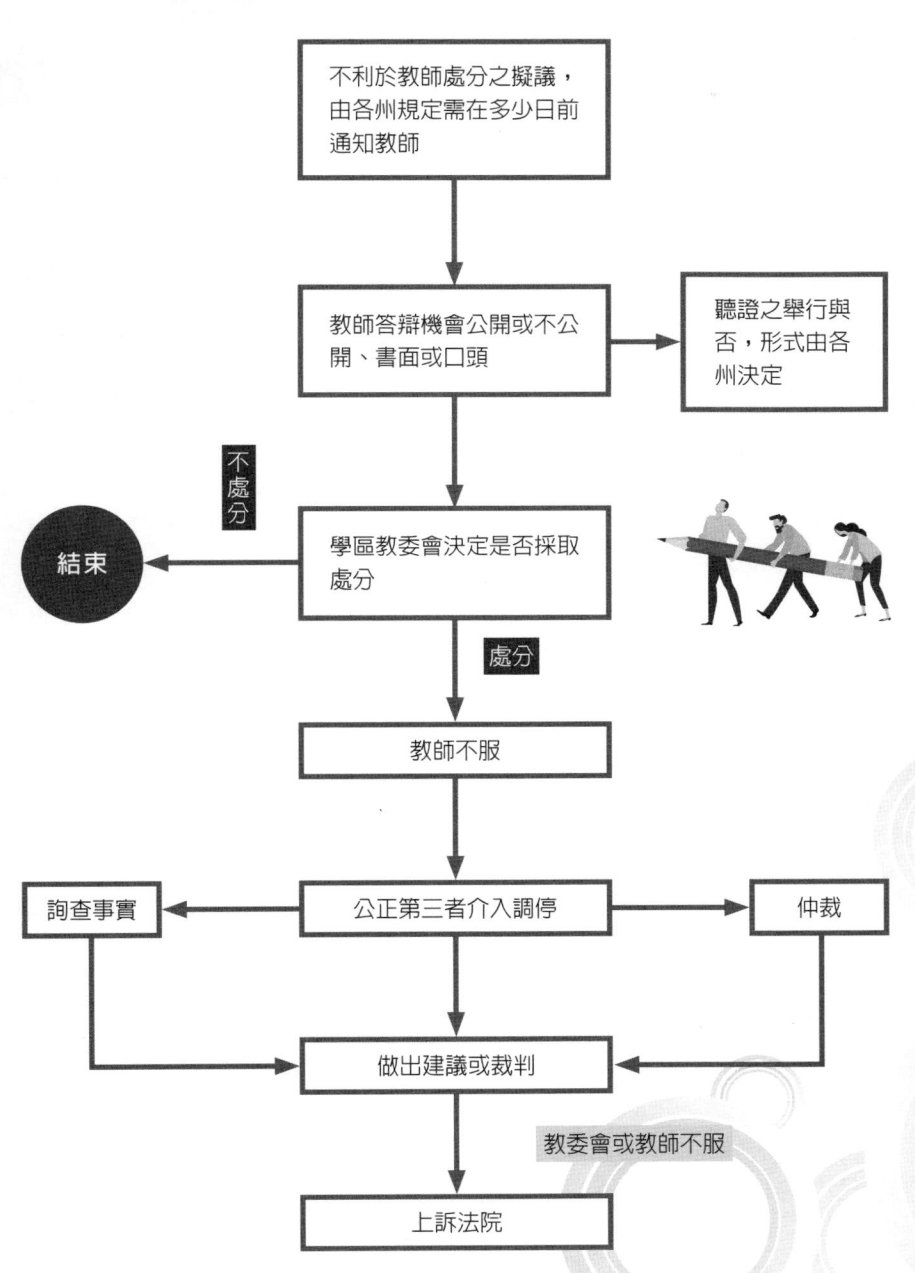

美國教師申訴流程圖

不利於教師處分之擬議，由各州規定需在多少日前通知教師

教師答辯機會公開或不公開、書面或口頭 → 聽證之舉行與否，形式由各州決定

不處分 → 結束

學區教委會決定是否採取處分

處分

教師不服

詢查事實 ← 公正第三者介入調停 → 仲裁

做出建議或裁判

教委會或教師不服

上訴法院

Unit 9-5
臺灣教師的申訴制度

圖解教育行政實務

規範臺灣教師申訴制度的法律，主要為「教師法」與「教師申訴評議委員會組織及評議準則」（後皆簡稱「評議準則」）。

一、目的

「教師法」第29條第1項規定「教師對主管教育行政機關或學校有關其個人之措施，認為違法或不當，致損其權益者，得向各級教師申訴評議委員會提出申訴。」由此可見申訴之目的乃在於保障教師權益，使其因主管教育行政機關或學校有關其個人之違法或不當措施尋求救濟，對於教師地位與專業的維護極為重要。

二、申訴機構

1. 「教師法」第30條規定：教師申訴評議委員會之分級如下：⑴專科以上學校分學校及中央兩級。⑵高級中等以下學校分縣（市）、省（直轄市）、及中央三級。
2. 「評議準則」第4條規定：各級主管機關及專科以上學校為辦理教師申訴案件之評議，應設教師申訴評議委員會（以下簡稱申評會）。

由以上規定可以得知臺灣教師申訴組織為「教師申訴評議委員會」。

三、管轄

「評議準則」第9條規定：教師提起申訴、再申訴之管轄如下：

1. 對於專科以上學校之措施不服者，向該學校申評會提起申訴；如不服其評議決定者，向中央主管機關申評會提起再申訴。
2. 對於高級中等以下學校之措施不服者，向學校所屬主管機關申評會提起申訴；如不服其評議決定者，向其上級主管機關申評

會提起再申訴。但學校所屬主管機關為教育部者，向中央主管機關申評會提起之申訴，以再申訴論。
3. 對於縣（市）主管教育行政機關之措施不服者，向縣（市）主管機關申評會提起申訴；如不服其評議決定者，向省主管機關申評會提起再申訴。
4. 對於直轄市主管教育行政機關之措施不服者，向直轄市主管機關申評會提起申訴；如不服其評議決定者，向中央主管機關申評會提起再申訴。
5. 對於教育部之措施不服者，向中央主管機關申評會提起申訴，並以再申訴論。

四、程序

「教師法」第31條規定：「教師申訴之程序分申訴及再申訴二級。教師不服申訴決定者，得提起再申訴。學校及主管教育行政機關不服申訴決定者亦同。」

五、申訴之提起與評議

1. 「評議準則」第12條第1項規定：申訴之提起，應於收受或知悉措施之次日起30日內以書面為之；再申訴應於申訴評議書達到之次日起30日內以書面為之。
2. 「評議準則」第21條第2項規定：評議時，得經委員會議決議邀請申訴人、關係人、學者專家、或有關機關指派之人員到場說明。

六、評議決定

「評議準則」第32條第1項規定：申評會委員會議之評議決定，以徵詢無異議舉手或無記名投票表決方式為之，其評議經過及個別委員意見應對外嚴守祕密。

170

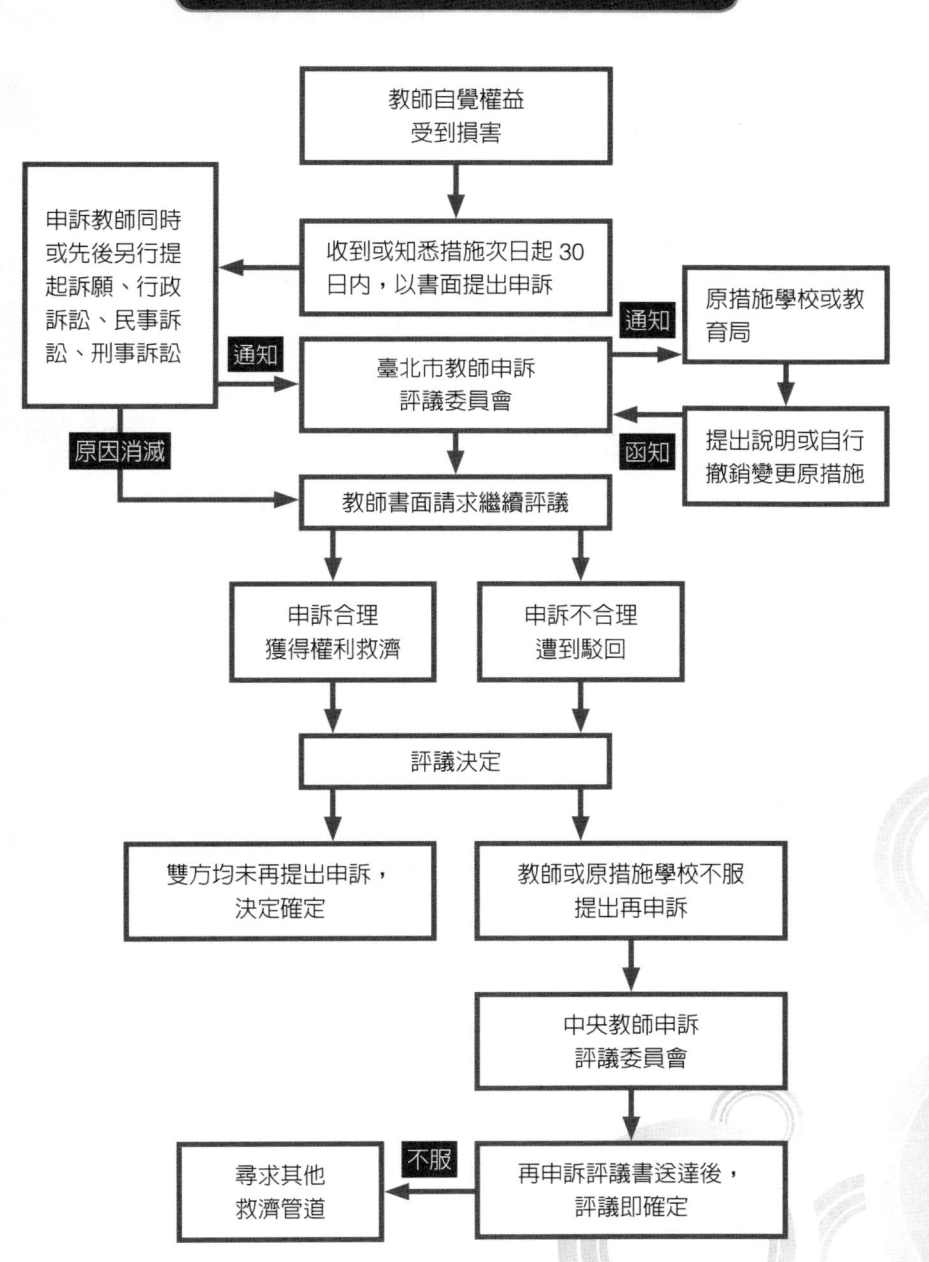

臺灣教師申訴流程圖

教師自覺權益
受到損害

收到或知悉措施次日起 30
日內,以書面提出申訴

申訴教師同時
或先後另行提
起訴願、行政
訴訟、民事訴
訟、刑事訴訟

通知

臺北市教師申訴
評議委員會

通知

原措施學校或教
育局

函知

提出說明或自行
撤銷變更原措施

原因消滅

教師書面請求繼續評議

申訴合理
獲得權利救濟

申訴不合理
遭到駁回

評議決定

雙方均未再提出申訴,
決定確定

教師或原措施學校不服
提出再申訴

中央教師申訴
評議委員會

尋求其他
救濟管道

不服

再申訴評議書送達後,
評議即確定

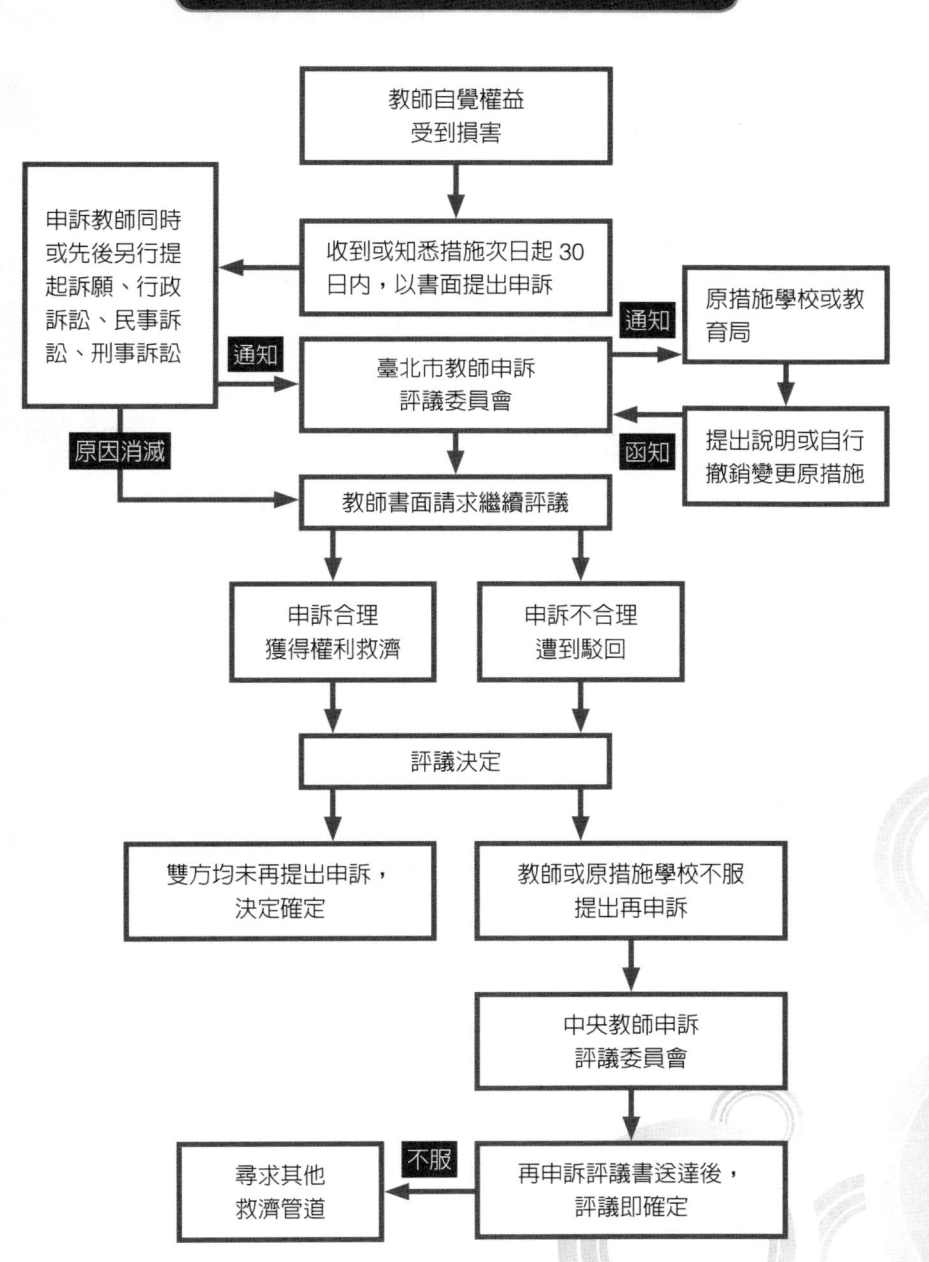

Unit 9-6
教師組織與教師工會（丨）

圖解教育行政實務

172

一、教師組織的類型

　　基本上，世界各國的教師組織大致有三種類型，茲分述如下：

1. 工會取向的教師組織：此類型的教師組織重視勞動三權之爭取，對於薪資與工作條件之議題，試圖透過集體協商之機制獲得最大利益。如全美教育協會（NEA）；工會主義色彩濃厚的美國教師聯盟（AFT）。

2. 專業取向的教師組織：主張唯有提升教師專業才能確保教學品質，認爲教學品質應該由內而外，不應隨外界組織之要脅而起舞。如較早期的全美教育協會、教育學術團體、教師成長團體、學校各科教學委員會。

3. 社會正義取向的教師組織：主張教師組織是具有促進社會進步的責任，絕非僅是滿足會員個別的需求，強調教師組織應專注社會與學生的需求，積極推動公平與正義的教育改革。如全日本教職員聯盟（全日教聯）。

二、勞動基本權利

　　通稱勞動三權，茲分述如下：

1. 團結權：勞工有權組織工會、加入工會，以及自由經營工會的權利。

2. 團體協商權：勞工有權透過依法成立之工會，就工資與工時等重大工作條件與其他相關事項，與僱用者進行集體協商的權利。

3. 爭議權：勞資雙方在發生爭議時，勞方可以依法行使集體請假、罷工的權利。

三、美國教師工會的功能與評論

（一）美國教師工會的主要功能

　　美國現今兩個主要的教師工會爲NEA與AFT，兩者都主張改善教育與代表教師權益發聲，學者Myers與Myers指出兩者的主要功能如下：

1. 代表成員進行協商與集體談判。

2. 進行影響教育政策的立法與管控。

3. 提供資訊給成員。

4. 在法律行動上保護教師並抵抗不公平的迫害。

5. 設立專業實務的標準。

6. 提供成員諮詢服務（如壓力管理諮商、理財建議等）。

7. 提供成員輔助性的服務（如保險、投資計畫、旅遊、與圖書俱樂部）。

（二）對美國教師工會的評論

　　綜合美國各界對兩大教師工會的評論，茲分述如下：

1. 對教師素質的影響：教師工會認爲提高教師薪資與改善教師工作環境可吸引更高素質的教師應聘。但事實上，教師薪資提升並未提升公立學校教師的素質。齊頭式薪資增加不符合績效制度，高素質教師更因無空缺無法加入，不適任教師亦難以淘汰。

2. 對教育政策的影響：與一般工會類似，NEA與AFT均強烈反對市場競爭與任何影響教師服務機會的政策。例如常常抵制各種教育實驗方案以避免競爭，令外界產生教師只要福利不要改革的負面印象。

3. 對政治與社會議題的影響：NEA與AFT是美國社會中最有勢力的利益團體，吸收超過3百萬成員，故能影響美國政治與社會的議題。

教師組織的類型

工會取向

專業取向

社會正義取向

勞動三權

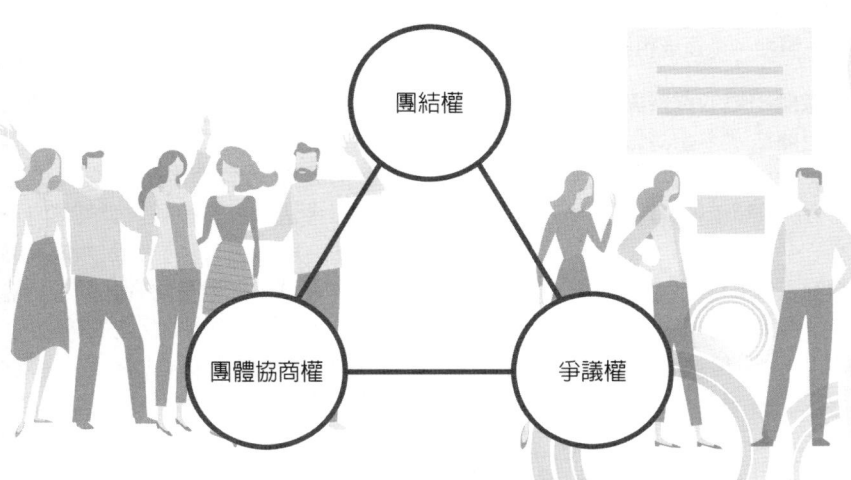

團結權

團體協商權

爭議權

Unit 9-7
教師組織與教師工會（Ⅱ）

圖解教育行政實務

174

四、日本教師組織的背景與發展

　　日本共有四個教師組織，包括「日本教職員組合」（日教組）、「日本高等學校教職員組合」（日高教）、「全日本教職員組合」（全日教），以及「全日本教職員聯盟」（全日教聯），除了全日教聯外，其餘兩個組織皆從日教組分離而出，茲將日教組與全日教聯分述如下：

1. 日本教職員組合（日教組）：二戰之後，日本戰敗，教育現場充滿不安的情緒，由於民主主義運動高漲，促使當時大多數教職員都加入成立於1947年的日教組。自1950年代，日教組與政府之對抗開始變得激烈。由於長期進行政治鬥爭，導致會員大量流失，遂改成較為溫和的宣傳策略。

2. 全日本教職員聯盟（全日教聯）：係由反對日教組動輒罷教的各縣教師組織合併而成。其主張教師並非勞動者，而是一種專門職業，須排除特定的意識型態，堅守教育的中立性，透過澈底的守法精神，堅持教師的主體性，以達成組織活動的目的。

五、臺灣教師組織的背景與發展

　　依據相關法令，臺灣教師組織除了以專業研究為宗旨的教育學會（如教育行政學會）外，主要分為教師工會與教師會兩部分，茲分述如下：

（一）教師工會

1. 依據：「工會法」第6條第1項規定工會組織類型有3款，但教師僅得組織及加入第2款及第3款之工會。

2. 類別

　　(1) 產業工會（第2款）：結合相關產業內之勞工，所組織之工會。

　　(2) 職業工會（第3款）：結合相關職業技能之勞工，所組織之工會。第6條第2項規定職業工會，應以同一直轄市或縣（市）為組織區域。第9條第2項規定同一直轄市或縣（市）內之同種類職業工會，以組織一個為限。

（二）教師會

1. 依據：「教師法」第26條規定教師組織分為三級：在學校為學校教師會；在直轄市及縣（市）為地方教師會；在中央為全國教師會。

2. 類別

　　(1) 學校教師會：學校班級數少於20班時，得跨區（鄉、鎮）合併成立學校教師會。

　　(2) 地方教師會：地方教師會須有行政區內半數以上學校教師會加入，始得設立。

　　(3) 全國教師會：全國教師會須有半數以上之地方教師會加入，始得成立。

六、教師組織之爭議

　　教師得組織工會後，其在教育現場勢力之消長，將會影響與學生、家長、主管教育行政機關，與學校行政人員的互動，茲分述其爭議如下：

1. 教師定位為勞動者與專業人員之爭議：「工會法」允許教師有勞動者身分；「教師法」與「大學法」則較傾向將教師視為專業人員，擺盪在兩者之間，社會部分人士遂產生教師兩者通吃之批評。

2. 教師自由入會政策與工會代表性問題：臺灣依照「工會法」規定，教師可以自由加入工會，並非強制入會。因此，其必須能吸引一定數量教師會員，否則可能會因人數不足而失去代表性。

3. 教師工會成為激進利益團體之疑慮：教師工會給社會印象多半集中全力爭取權利，但對於需謹守之義務則較少提及。

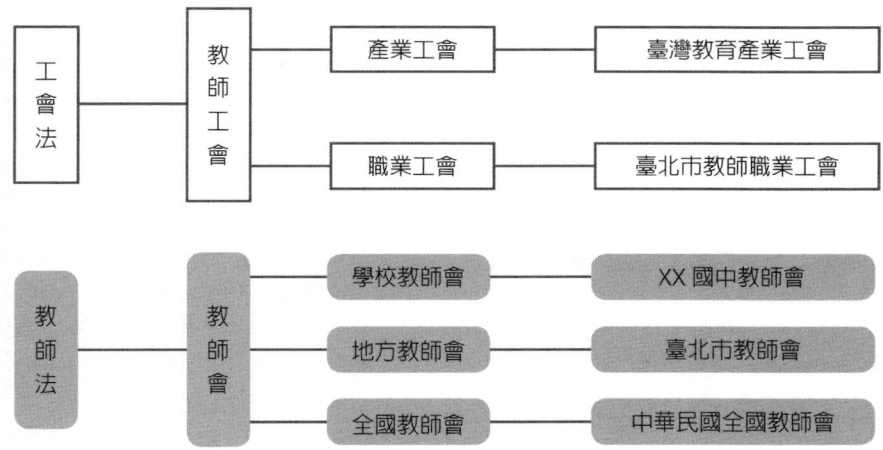

臺灣的教師組織

| 工會法 | 教師工會 | 產業工會 | 臺灣教育產業工會 |
| | | 職業工會 | 臺北市教師職業工會 |

教師法	教師會	學校教師會	XX 國中教師會
		地方教師會	臺北市教師會
		全國教師會	中華民國全國教師會

教師組織的爭議

教師定位為勞動者與專業人員之爭議

| 勞動者 | 專業人員 |

教師自由入會政策與工會代表性問題

| 自由或強制入會 | 代表性強或弱 |

教師工會成為激進利益團體之疑慮

| 爭取權利 | 負擔義務 |

Unit 9-8
教師的專業義務

一、教師義務的相關法令

教師既然享有特定權利，亦必須了解自我應盡的義務。相關規定如下：

（一）「教師法」第17條第1項

教師除應遵守法令履行聘約外，並負有下列義務：

1. 遵守聘約規定，維護校譽。
2. 積極維護學生受教之權益。
3. 依有關法令及學校安排之課程，實施適性教學活動。
4. 輔導或管教學生，導引其適性發展，並培養其健全人格。
5. 從事與教學有關之研究、進修。
6. 嚴守職分，本於良知，發揚師道及專業精神。
7. 依有關法令參與學校學術、行政工作及社會教育活動。
8. 非依法律規定不得洩漏學生個人或其家庭資料。
9. 擔任導師。
10. 其他依本法或其他法律規定應盡之義務。

（二）「教育人員任用條例」第15條

規定本法第13條所稱服務成績優良者，係指高級中等以下學校教師除履行本法第17條所規定之義務外，並應具有下列條件之一：

1. 品德良好有具體事蹟，足為師生表率。
2. 積極參加與教學、輔導有關之研究及進修，對教學及輔導學生有具體績效。
3. 參與學校學術、行政工作及社會教育活動，負責盡職，圓滿達成任務，對學校有特殊貢獻。

二、教師應盡的專業義務

依照前述條文，實務上，將教師應盡的專業義務歸納如下：

1. 遵守聘約規定：公立學校的聘約大致相同，於期初校務會議時發放教師聘書，並將聘約規定條列在聘書之後。
2. 負起教學責任：如不得罷教以維護學生受教權；依法實施差異化教學與有效教學等活動。
3. 輔導管教學生：「學生輔導法」第7條第1項規定：學校校長、教師及專業輔導人員，均負有輔導學生之責任。可見教師仍負輔導管教學生之責，不因「教師輔導與管教學生辦法」廢止而不為。
4. 從事進修研究：根據「教師進修研究獎勵辦法」第10條規定：學校辦理教師進修、研究成效，應列為學校評鑑之重要項目。可見教師之進修研究不僅是權利，也是義務。
5. 兼任行政工作：一般而言，教師兼任行政工作以請託為主，而大部分國民中小學均訂有導師或行政人員輪調辦法。
6. 參與社教活動：除教學外，教師並負有社會教育的責任，如協助外籍配偶終身學習課程之進行。
7. 遵守保密原則：教師應維護學生隱私權，不可無故洩漏學生個人或家庭資料，包括學生成績與記過記錄。
8. 維繫良好品德：教師負有教育國家學子的重責大任，在社會上被賦予高度的道德檢視，因此必須維繫良好的品德以落實身教言教。
9. 其他應盡義務：除法令另有規定，教師不得在外兼課或兼職，並負有與職務關係互惠之禁止，如關說、迴避，以及接受招待餽贈等。

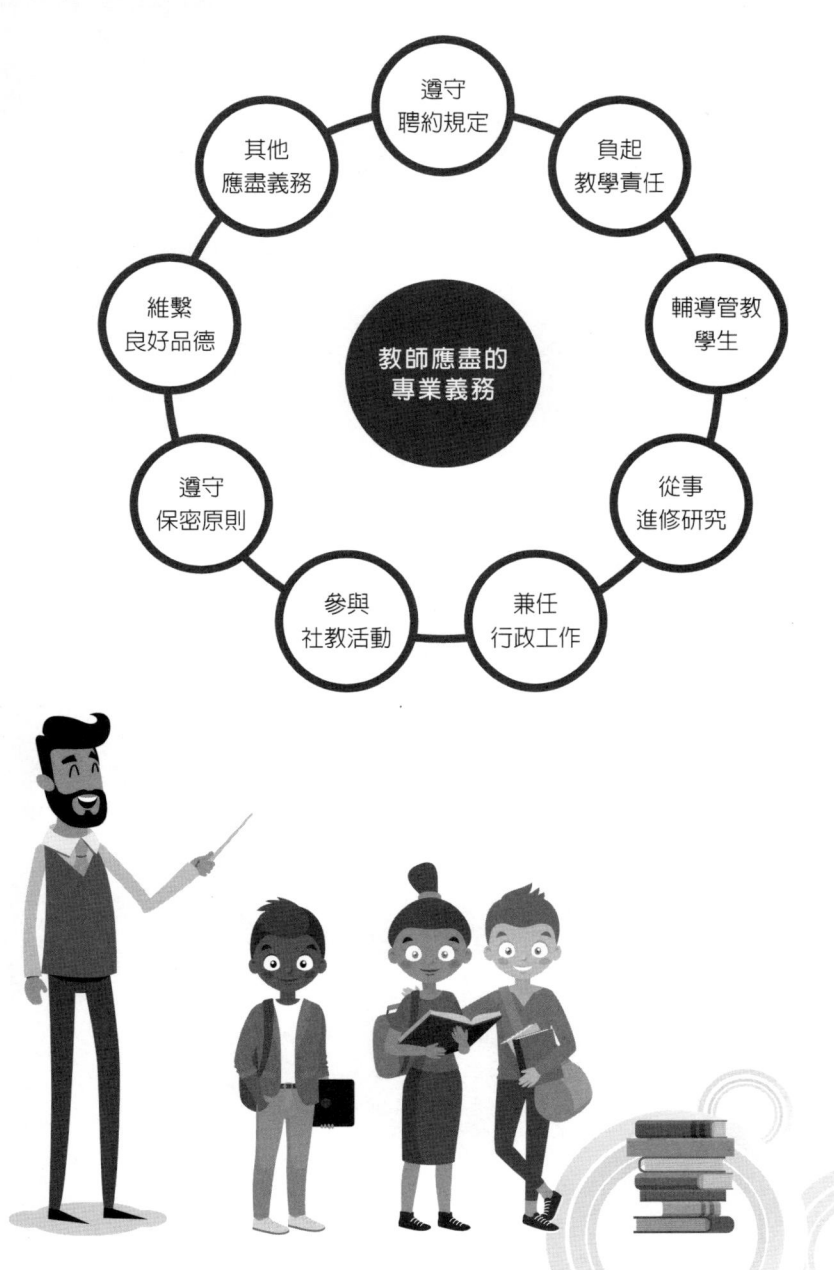

遵守
聘約規定

其他
應盡義務

負起
教學責任

維繫
良好品德

教師應盡的
專業義務

輔導管教
學生

遵守
保密原則

從事
進修研究

參與
社教活動

兼任
行政工作

第 10 章

校長的任務與作為

　　校長初到學校，必須先進行觀察，並了解自我的基本權利與相關教育法規。只要有利益團體，就少不了政治考量，如何在「重其益；輕其害」中進行取捨，考驗校長的行政智慧。學校會議甚多，而使會議在自己的掌握下圓滿成功，達成自己所要的結果至關重大。此外，校園的規劃乃是校長一定會碰到的課題，許多校長在規劃校園上絞盡腦汁，期盼能做出特色，而最終卻發現校園規劃仍需與學校文化進行結合，不可有所偏廢。

　　本章首先介紹校長的初任觀察與需了解的教育法規，繼之論述校長的政治思維、主持會議的能力、特色校園規劃及學校文化；最後介紹校長需處理的耐震補強。

• 本章節所提供之案例，感謝現任高雄市三民國中黃金花校長提供。

Unit **10-1**
校長需進行的初任觀察

圖解教育行政實務

180

一、與學校成員和警衛閒談

　　校長常常會面臨布達後該先做何事之問題。原則上，可利用時間先與資深教師及行政人員聊聊。此外，學校警衛也是校長諮詢的重要對象，因其是學校門面與校長的「活名片」。警衛對於社區周遭的宣傳力度，往往能夠起「一言興邦、一言喪邦」的蝴蝶效應。校長初來乍到，與學校成員和警衛閒談，聽取其意見，對了解學校一定有所幫助。

二、校園巡視做成記錄

　　有經驗的校長會請事務組長陪同巡視校園。硬體部分，將需要改進的設備設施，填寫在改善記錄卡上，拍照以時時提醒自己。若能改善環境設備，會立即讓學校成員與家長感受到校長的新氣象。

三、行政團隊全員到位

　　校長初任履新，可能遇到的首要課題就是行政人員也是初任，更有許多行政人員可能是代理教師，8月底才會上任。因此，校長必須先將行政人員職位底定。可能的話，儘量請託正式教師擔任行政人員，以免導致工作延續性的問題。此外，校園內的規章制度在第一年時先不要進行過多干預，以免行政人員工作心生怨言，產生以前沒有現在為什麼要有的怨懟。

四、釐清處室目前狀況

　　校長應該與各處室主任開會，詢問各處室的特色為何？此可能作為未來學校發展的特色；目前遭遇的瓶頸為何？此可能是未來學校待解決的問題。

五、了解家長會的期待

　　學校家長會成員的身分職業別不同，對學校的期待自然不同。試想農村與城市的家長會成員自有所差異，訴求可能也不大相同。但是普遍重視學生升學的思維依舊存在，這是校長絕對不可等閒視之的重要課題。

六、拜訪社區重要人士

　　應該即時拜訪社區重要關係人士，包括立委、議員、村里長等民意代表、警察局、社區有力人士等。如果學校所在地龍蛇混雜，可能校長就必須親自到當地有力人士辦公室或家中拜訪，以達成「人到面子到」的效果。

七、聽取服務志工意見

　　學校因應其特性，會產生各類的服務志工，例如學校如果位處大馬路前，交通服務志工就相對重要；如果學校內設有鄉立或市立圖書館，圖書志工就相對重要。如此，校長可以在發展校務的概念上，詢問已經服務多年的志工對學校事務的看法，聽取其寶貴意見與建議。

八、確立學校願景特色

　　到一所新學校的首要工作，除了「校園走一圈，事事都問全」外，必須注意自我辦學理念與學校創校特色是否能夠結合。校史上經過許多前任校長的辛苦耕耘，總會出現既定願景或特色。有些繼任校長會修正學校願景特色，有些則會視其為重要學校組織文化而持續發展。不論修正或保存，必須訂定計畫與策略加以執行。

校長的初任觀察

與學校成員和警衛閒談	與資深教師、行政人員和警衛閒談，聽取其意見

校園巡視做成記錄	• 請事務組長陪同巡視校園 • 填寫在改善記錄卡與拍照

行政團隊全員到位	• 各處室行政人員的職位底定 • 儘量請託正式教師擔任行政

釐清處室目前狀況	• 詢問本校的特色為何 • 詢問本校的瓶頸為何

了解家長會的期待	• 職業別不同，對學校的期待不同 • 普遍重視學生升學的思維

拜訪社區重要人士	• 拜訪民意代表等社區有力人士 • 務必熟記「人到面子到」

聽取服務志工意見	• 學校特性不同，志工種類也不同 • 志工對校有向心力，其意見寶貴

確立學校願景特色	• 「校園走一圈，事事都問全」 • 辦學理念能否結合學校創校特色

Unit 10-2
校長需了解的教育法規（Ⅰ）

校長是具有行政與教學的專業人士，除具有行政與教學的專業外，更需了解教育相關法規。如此在與教師、家長、或社區人士談論相關教育議題時，方能依法說理與依法行政。惟教育相關法規繁多，校長必須嫻熟其中幾項重要的教育法規，茲略述如下：

一、教育基本法

1. 訂定目的：共17條，主要為補充「憲法」中與教育相關的原則性規定而制定。
2. 內容概述：詳列教育機會均等、教育經費寬列、教育中立、教師專業自主、零體罰與零霸凌、小班小校、學力鑑定請求等原則。

二、國民教育法

1. 訂定目的：共22條，主要為當年實施九年國民義務教育而制定。
2. 內容概述：詳列國民中小學合併停辦、學雜費、保險、技藝學程、圖書館、教科書、校長資格、校務會議、輔導教師、成績評量、經費預算、建校計畫、實驗學校、私立學校、學生獎懲、家長參與校務等規定。

三、教師法

1. 訂定目的：共39條，主要為規定教師的權利與義務而制定。
2. 內容概述：詳列教師資格檢定與審定、聘任、權利義務、待遇、進修與研究、退休、撫卹、離職、資遣、保險、教師組織（工會）、申訴及訴訟等規定。

四、教育經費編列與管理法

1. 訂定目的：共18條，主要為提升教育經費運用績效而制定。

2. 內容概述：詳列經費占年度預算最低比例、一般與特定補助、教育經費基準委員會、教育經費審議委員會、地方教育發展基金、校務發展基金、財務監督、評鑑制度、經費資訊公開等規定。

五、特殊教育法

1. 訂定目的：共51條，主要為使身心障礙與資賦優異之國民，均有接受適性教育之權利而制定。
2. 內容概述：詳列身心障礙與資賦優異類別、特教諮詢會、鑑輔會、特教預算編列、特教班型、申訴制度、支持服務、個別化教育計畫、特教推行委員會、特教評鑑、特殊學校之借用等規定。

六、學生輔導法

1. 訂定目的：共24條，主要為健全學生輔導工作以促進與維護學生身心健康及全人發展而制定。
2. 內容概述：詳列學生輔導諮商中心、學生輔導諮詢會、三級輔導、學生輔導工作委員會、專任輔導教師、專任專業輔導人員、輔導知能進修與研習等規定。

七、性別平等教育法

1. 訂定目的：共38條，主要為促進性別地位平等，消除性別歧視，並建立性別平等之教育資源與環境而制定。
2. 內容概述：詳列性別平等教育委員會、學校環境、課程與教學資源、校園性侵害、性騷擾或性霸凌事件、申請調查與救濟、違背本法之罰則等規定。

校長應該要注意……

法規名稱	法規要點提挈
教育基本法	1. 本法可說是教育領域的根本大法，其他的教育法規幾乎在本法所定的概括性原則下延伸發展而成。 2. 本法第 6 條規定教育中立原則，校長在面對政治或宗教團體壓力時，可引用本法與其協調溝通學校立場。
國民教育法	1. 教科書之訂定選用，應提出由校務會議制定辦法選用之。 2. 校長任期、想要回任教師或未獲遴聘者之規定。 3. 國民中學之專任輔導教師每校置一人，21 班以上者，增置一人，41 班以上者，增置一人，依此類推。
教師法	1. 第 14 條涉及教師身分改變之解聘、停聘、不續聘，校長必須注意教師只要涉及性平事件，很可能就會涉及身分之改變，就必須在教師評審委員會審議的行政程序上做謹慎處理。 2. 教師可向教師申訴評議委員會申訴，如不服申訴會提再申訴，或依法提起訴訟或依訴願法或行政訴訟法或其他保障法律等有關規定，請求救濟。
教育經費編列與管理法	訂定中長程教育發展計畫，報請該管主管教育行政機關審查，教育發展計畫實為校務發展預算數額比例的依據，校長須謹慎為之。
特殊教育法	特教法規定為使普通班教師得以兼顧身心障礙學生及其他學生之需要，前項學校應減少身心障礙學生就讀之普通班學生人數，此時，校長要注意資源班綁班與普通班適性導師的安排。
學生輔導法	1. 校長須了解初級預防的發展性輔導、二級預防的介入性輔導、與三級預防的處遇性輔導之三級輔導措施。 2. 高級中等以下學校之教師，每年應接受輔導知能在職進修課程至少 3 小時；輔導主任或組長、輔導教師及專業輔導人員，每年應接受在職進修課程至少 18 小時。
性別平等教育法	1. 性平法規定應在知悉後 24 小時內通報，違反者每日處新臺幣 3 萬元罰鍰，罰至 15 萬元（5 天）為止。 2. 學校校長、教師、職員或工友違反疑似校園性侵害事件之通報規定，致再度發生校園性侵害事件；或偽造、變造、湮滅、或隱匿他人所犯校園性侵害事件之證據者，應予以解聘或免職。

Unit **10-3**
校長需了解的教育法規（II）

八、家庭教育法

1. 訂定目的：共20條，主要為增進國民家庭生活知能，健全國民身心發展，營造幸福家庭，以建立祥和社會而制定。
2. 內容概述：詳列家庭教育諮詢委員會、家庭教育中心、推展家庭教育之機構團體、學校推展家庭教育課程等規定。

九、環境教育法

1. 訂定目的：共26條，主要為促進國民了解個人及社會與環境的相互依存關係，培養環境公民與環境學習社群，以達到永續發展而制定。
2. 內容概述：詳列環境教育政策、基金、人員認證、審議委員會、輔導與獎勵，以及罰則等規定。

十、技術及職業教育法

1. 訂定目的：共29條，主要為建立技職教育人才培育制度，培養國人正確職業觀念，落實技職教育務實致用特色，培育各行業人才而制定。
2. 內容概述：詳列職業的試探教育、準備教育、繼續教育，以及技職教育師資等規定。

十一、強迫入學條例

1. 訂定目的：共17條，主要為適齡國民均有接受國民義務教育的權利與義務而制定。
2. 內容概述：詳列強迫入學委員會、入學、復學、輟學、暫緩入學、罰鍰等規定。

十二、教育人員任用條例

1. 訂定目的：共43條，主要為教育人員任用職務之種類與資格規定而制定。

2. 內容概述：詳列各級學校之人員應持有之證書與資格（年資）、聘任、甄選、資格解除與限制、任期等規定。

十三、公立高級中等以下學校校長成績考核辦法

1. 訂定目的：共21條，主要為考核校長之成績而制定。
2. 內容概述：詳列年終成績考核，另予成績考核以及平時考核、覆議、救濟，以及申訴等規定。

十四、公立高級中等以下學校教師成績考核辦法

1. 訂定目的：共24條，主要為考核教師之成績而制定。
2. 內容概述：詳列年終成績考核、獎懲、成績考核委員會、救濟、加給等規定。

十五、中小學兼任代課及代理教師聘任辦法

1. 訂定目的：共13條，主要為兼任、代課及代理教師聘任之相關事項而制定。
2. 內容概述：詳列聘任資格、受聘權利與義務、待遇、停聘、解聘等規定。

十六、教師請假規則

1. 訂定目的：共19條，主要為規定教師請假程序、權責與違反之處理及其他相關事項而制定。
2. 內容概述：詳列事假、病假、公假、婚假、安胎假、產前假、分娩假、生理假、陪產假、家庭照顧假、工傷假、原住民歲時祭儀紀念假、休假年資等規定。

校長應該要注意……

法規名稱	法規要點提擇
家庭教育法	校長應注意每學年應在正式課程外，實施 4 小時以上家庭教育課程及活動，並應會同家長會辦理親職教育。
環境教育法	所有教職員工師生均應於每年 12 月 31 日以前參加 4 小時以上環境教育，並於翌年 1 月 31 日以前網路申報方式執行成果，屆期未辦理者，處新臺幣 5000 元以上 15000 元以下罰鍰。
技術及職業教育法	國中可以與高職合作開辦技藝學程，或是依本法第 10 條所衍生的國民中學技藝教育實施辦法規定開設技藝專班，招募學校大部分有職業傾向的學生入班就讀。
強迫入學條例	1. 發現學生有未經請假或不明原因未到校上課達 3 天以上，或轉學生未向轉入學校報到者須通報中輟。通報前，請導師與學務處及輔導室人員前往中家訪或電訪。 2. 經警告並限期入學、復學，仍不遵行者，由鄉（鎮、市、區）公所處 100 元以下罰鍰，並限期入學、復學；如未遵限入學、復學，得繼續處罰至入學、復學為止。
教育人員任用條例	各級學校校長不得任用其配偶或三親等以內血親、姻親為本校職員或命與其具有各該親屬關係之教師兼任行政職務。但接任校長前已在職者，屬於經管財務之職務，應調整其職務或工作；屬於有任期之職務，得續任至任期屆滿。
公立高級中等以下學校校長成績考核辦法	校長在執行職務知有校園性侵害事件，未依規定通報者記大過，必須特別加以重視。
公立高級中等以下學校教師成績考核辦法	教師考核丙等者如屬未經校長同意，擅自在外兼課兼職，校長需具體明確了解教師兼課兼職原因，必要時得報請主管教育行政機關核備之。
中小學兼任代課及代理教師聘任辦法	學務處生教組工作繁重，正式或資深教師一般不願意接任，此時可引用本法第 5 條服務成績優良、符合學校校務需求之代理教師再聘之，使其可以從 8 月 1 日開始敘薪，增加同意繼續擔任生教工作之動機。
教師請假規則	較大規模學校之教師，尤其是非導師職務之教師，常常會出現有課來沒課走的現象，校長在拿捏上必須謹慎為之。

Unit 10-4
校長需具備的政治思維

某位退休校長說過一句令人印象深刻的話：「和諧就好！」簡單一語，道盡學校校長在政治思維上應該要秉持的基本原則，也就是維持學校運作的穩定性。學校其實也是小型社會的雛形，利益關係人眾多，包括學生、教師、家長，甚至是社區（人士）。如此多人皆有其訴求，以下則依與社區、教師，以及家長的相處之道做說明。

一、與社區的相處之道

校長在社區中的角色，大致有四種，茲分述如下：

1. 溝通者：社區成員各有其獨特的意識型態，要使學校之立場與多數社區人士相合，就必須經過多次溝通才能逐步形成共識。
2. 協商者：由於各方立場不同，溝通之外，尚須進行協商，彼此在維護最大利益與造成最小影響的折衝樽俎下，進行協商，而校長就是擔任此角色的不二人選。
3. 持旗者：校長在協商中必須標舉與表達學校之願景，具有持旗者的特質，會以專業角度與學校利益為優先的目標與原則，不因利益團體的要求而與之妥協。
4. 橋梁者：校長多需要充當緩衝器，將外部社區訴求與內部教師意見予以緩衝，避免兩者直接衝突。此外，校長須主動出擊，擔任橋梁者角色，除了讓社區發聲外，還能與其共同合作與分享資源。

二、與教師的相處之道

校長面對教師的心態，基本上可以分為三種，茲分述如下：

1. 視教師為下屬：校長憑恃行政職權，認為教師必須絕對服從命令，對有異議者，視之如寇讎而堅決排拒。
2. 視教師為路人：只要教師盡其職守管理學生，即給予一定自主權，彼此關係形同陌路，缺少交集與溝通機會。
3. 視教師為夥伴：認為教師為學校進步之重要參與者，因此願意與其共享資源並幫助教師專業成長，教師也因受到重視而願意主動貢獻專長與意見，攜手共同達成學校願景。

三、與家長的相處之道

校長必須清楚知道自己所在學校的社區家長背景為何，才能在家長會或親職日等其他學校重大活動與家長有所應對，其因素約莫有四個，茲分述如下：

1. 社經地位：校長必須了解所在學校學區家長的社經地位，例如：家長對學生成就的期望、對子女教育的態度、家長收入多寡，以及家長職業等。
2. 種族或族群：校長身處閩南族群、客家族群、或原住民族群，甚或混合族群等，其教育理念之發揮必有所差異，這也可以解釋為什麼在「教師請假規則」中會列入原住民教師於祭儀時得申請公假之原因。
3. 使用語言：校長必須重視學校少數族群的使用語言，將其規劃入社團做發展，例如：客語社、原住民語社、新移民語社（印尼或越南語），學校發展特色若能重視少數民族語言之發展，相信家長對學校的向心力會更強。

4. 特殊教育需求：學校身障生與資優生的家長訴求自然不同，校長必須正視這另一群另類團體的需求，因為這些團體背後的協會與影響力往往會有蝴蝶效應的威力，校長絕對不可等閒視之。

一言以蔽之，校長不能離政治而獨居，因為身邊圍繞的就是一群政治動物。

溝通者
協商者
橋梁者
持旗者

校長在社區中的角色

視教師為下屬

視教師為路人

視教師為夥伴

校長對教師的心態

校長需了解的家長背景

- 社經地位
- 種族或族群
- 語言
- 特殊教育需求

Unit 10-5
校長需具有的會議主持能力

188

一、校長主持會議的能力

校長主持會議，必須先了解開會的目的為何。聰明的校長會儘量使會議過程簡短而有效率，提升自己在同仁心中的地位與形象。校長掌握會議的五項能力如下：

1. 說服的能力：進行會議過程中，校長必須要把握自己有說服學校同仁的能力，在說服過程中展現自信與熱忱，達到讓對方了解說話內容，最主要的是讓對方了解這樣做，可以獲得的利益為何。若能從「絕對不可能」到「值得一試」的話，校長就達到說服的目的。

2. 表達的能力：會議過程中，校長一定要清楚地表達自己的立場與信念，可以開場時簡潔有力，先鋪陳整個內容吸引注意（讓教師有故事的想像畫面），表達時需輔以肢體動作，會讓內容更生動，切忌在表達時滔滔不絕，也不要使用「還算是……」、「不是啦……我覺得……」等不確定或負面語詞。

3. 溝通的能力：溝通與說服和表達不同的地方在於雙向與互動，因此在會議進行時，要先張開耳朵傾聽別人說話，眼神接觸對方，並對對方的話語表現出一副專心且好奇的態度，讓別人感到受尊重。

4. 分析的能力：在會議上，必須剖析會議所欲達到的目，且不宜過於冗長，必須提綱挈領，讓人一聽就明白，在每一項討論議程中，具體敘述重點。

5. 親和的能力：許多校長會視教師會成員或特定意見領袖為假想敵，往往在開會時過度防衛而出現失態之現象。此種現象必須儘量避免，唯有讓教師感覺親切，在會議進行時，彼此溝通上才能比較坦然。

二、會議成功的有效策略

1. 會前的準備工作：關於應該邀請誰來參加會議，是主辦處室應先思考邀請每一位成員參與之目的及期待其發揮的功能是什麼？如何讓預期出席效果可以充分發揮？是否所有成員適合同在一室開會，或者分批會較好？是否需要事先個別與這些成員溝通？又需要溝通些什麼？

2. 掌握會議的方向：校長需注意並導引會議的方向，避免方向離題而產生擦槍走火之交相指責現象。

3. 設定會議的目的：校長要掌握會議的目的，並正向建構開會目的是為「共同」協助處理好被提案的事項，作為最大考量；當重複提醒此一目標時，多會使會議的討論冷靜下來。

4. 展現支持的誠意：「我很想知道，是否有我可以幫上忙的地方？」、「各位覺得這件事可以如何解決？」等是校長可展現出的支持誠意。

5. 保持開放的態度：校長需要讓教師有表達意見的時間，但如教師述及政治、宗教、性別等較為敏感的話題，必須適度提醒並轉回討論之議題。

6. 秉持中立的立場：對於教師不同意見均須尊重，最好能立即記錄雙方陳述重點，並加以歸納進行討論，切忌顯露自我內心之想法。

7. 會後自我的反思：會議中如遇難以溝通合作的與會人員，校長在會後應反思未來的解決之道。如想想如何突破僵局？如何將自我的想法傳遞給他人知道？

- 說服的能力　- 分析的能力
- 表達的能力　- 親和的能力
- 溝通的能力

會議成功的
有效策略

會前的準備工作

掌握會議的方向

設定會議的目的

展現支持的誠意

保持開放的態度

秉持中立的立場

會後自我的反思

Unit 10-6
校長需進行的特色校園規劃（Ⅰ）

一、空間的定義與概念

建築是存在於空間的「有」，特點是「限制」；空間是存在於建築的「無」，特點是「無限」。相對於實體的建築，空間是屬於限制的虛體。校長進入一所學校後，需仔細思考，如何在既定實體建築下的「有」，進行經營規劃內部空間的「無」。

二、特色校園規劃的思考面向

無論是規劃創意或特色校園，校長必須先進行的思考面向分述如下：

1. 增強附加：在某些校舍或設備上，可以增強或附加什麼，豐富校園整體內涵。例如：耐震補強後的馬賽克磁磚拼貼，或是在既有校區中規劃教材園區等。
2. 刪除減少：在刪除或減少設備物品後，讓人耳目一新。例如：透水磚的間隔使用，或因地制宜做拆除圍牆的考量。
3. 擴展延伸：將校園內的設施設備變大或功能擴展，讓其延伸其功能。例如：校園中的大樹可以結合爬樹協會做體驗課程的設備。
4. 壓縮集中：將校園中的設施設備壓縮或集中一起。例如：考慮使用電子書的概念，減少實體書本的購置使用，或設計功能型教室並有計畫的編排課表以利充分使用。
5. 改良修整：校園中的設備設施可以進行改良或修整。例如：縮減運動場的跑道規模，或是設置複合式球場。
6. 變換組合：校舍的利用可以進行變換組合。例如：白天使用的運動館夜間可以出租，或是規劃學科型教室進行跑班。
7. 搬移推廣：校園中的設備設施哪些是可以多元化利用的。例如：將陳舊倉庫中之物品轉變成裝置藝術品，或將圖書館遷移至學生較易到達的動線上。

8. 模仿引用：校長可以思考校舍校園的特質，想想可資模仿引用他校作法。例如：學校有池塘，可以模仿引用他校作法（如生態觀察），或是引進他校特色節日，如櫻花節等。
9. 交換替代：在設施設備上，可以考量交換或替代的。例如：以矮樹叢取代圍牆，或是樓梯間以鏡子折射原理取代感應式電燈等。
10. 聯合連結：在校舍的空間利用上，如何連結數種設備設施使其達成一定功能。例如：如果沒有藝文中心，可以考量連結美術教室與走廊的概念，使其成為藝術走廊或文化走廊。
11. 反轉逆向：校園內的老舊設施設備可以逆向思考，變化其用途。例如：閒置許久的地下倉庫變成藝文中心或咖啡館；閒置的老舊校舍變成當地文史工作室等。
12. 規定限制：校園內的設備規定限制其用途，以避免意外產生。例如：在校外張貼校園運動場的使用時間，以維護校園安全；定期檢查消防器具與排水設施等。

三、特色校園的特性

基本上，校長在進行規劃特色校園時，需了解學校特色的內涵如下：

1. 教育性：回歸教育本質與教育目的。
2. 校本性：審視學校歷史與文化氛圍。
3. 整體性：了解學校要素的相互作用。
4. 獨特性：發展與眾不同的獨特風格。
5. 永續性：擬定永續發展的長期計畫。
6. 績效性：建構有效率與效能的學校。
7. 創新性：兼顧學校靜態與動態創新。
8. 參與性：重視全校親師生全員參與。

搬移推廣

反轉逆向

聯合連結

規定限制

擴展延伸

改良修整

交換替代

刪除減少

變換組合

壓縮集中

增強附加

模仿引用

校長的思考面向

獨特性

永續性

整體性

績效性

校本性

創新性

教育性

參與性

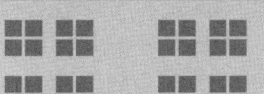

特色校園的特性

Unit 10-7
校長需進行的特色校園規劃（Ⅱ）

四、特色校園的營造

特色校園的營造指標有六點如下：

1. 人文校園：校長善用各類校園符號，形塑具有文化氣息和獨特風格的人文校園。例如：校長重視校門、校歌、校訓、校徽、LOGO、校旗和校舍建築等校園符號所代表的意象。

2. 藝術校園：校長善於布置各類藝術作品，形塑具有藝術氣息和美學美感的藝術校園。例如：校長重視在校園中布置雕塑、畫作、裝置藝術等藝術品，設置文化藝廊或藝文中心等。

3. 安全校園：設置安全維護設備，形塑具有警衛和維安系統的安全校園。例如：校長對電力、消防、保全系統等設備的裝設，以及通學步道的規劃等的重視。

4. 友善校園：校長能夠建置無障礙和性別平等的設施，形塑具有無障礙與平等互愛的友善校園。例如：校長對電梯、導盲磚等無障礙設施的重視，以及在廁所規劃上，增設較多女廁以供使用。

5. 科技校園：校長能建置多媒體和電腦資訊設備，形塑資訊化與現代化的科技校園。例如：校長對無線網路、資訊管理系統、電子白板等科技設備的重視，或設置智慧教室等。

6. 永續校園：校長建置各類節能環保設施，形塑尊重自然與節能減碳的永續校園。例如：校長能重視資源回收、校園綠美化、生態池規劃等與在地環境相關的設備設施。

五、校園規劃的發展趨勢

校長到校就任後，須考量的校園規劃可能的發展趨勢，茲分述如下：

1. 校舍整建與閒置空間的再利用：因應少子女化，未來新建學校會減少，校舍整修與耐震補強需求會逐漸增加，閒置空間再利用將成為趨勢。

2. 綠色建築與節能減碳觀念盛行：由於地球資源與環境保育的重視，未來綠色建築與節能減碳的人境共生觀點會逐漸為大眾所重視。

3. 建築美學與公眾文化藝術增加：校園建築優美的外觀會吸引學生，若能引進公眾文化藝術作結合將產生加乘效果。

4. 教室設備與設施朝多元化發展：辦公室與教室會從單一空間變成多樣化空間，設施更為優質化，功能性更強。

5. 校舍的親土性與空間的擴充性：校舍會逐漸朝向建造低樓層建築為主以增加親土性，並注重空間未來的使用彈性與後續擴充功能。

6. 庭園植物景觀多樣性與自然化：校園的老樹與自然景觀應受到保護，庭園發展從強調綠美化到重視自然生態。

7. 校園營運複合化與經營委外化：校舍在營運上會充分做利用，設施設備可能會朝向委外經營的方向發展。

8. 學科型教室與附設幼兒園興起：學科型教室會逐漸增多，並配合閒置空間活化概念而附設幼兒園。

六、全員參與的校園

校園的空間規劃與設計雖然深受校長的治校理念影響，但是校長必須了解在空間規劃與設計上必須秉持全員參與的概念，亦即秉持「學校是大家的」，讓親師生都能發自內心、共同維護屬於自己的校園環境。

特色校園的營造

人文校園	藝術校園
安全校園	友善校園
科技校園	永續校園

校園規劃的發展趨勢

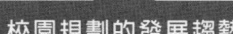

- ☑ 1. 校舍整建與閒置空間的再利用
- ☑ 2. 綠色建築與節能減碳觀念盛行
- ☑ 3. 建築美學與公眾文化藝術增加
- ☑ 4. 教室設備與設施朝多元化發展
- ☑ 5. 校舍的親土性與空間的擴充性
- ☑ 6. 庭園植物景觀多樣性與自然化
- ☑ 7. 校舍營運複合化與經營委外化
- ☑ 8. 學科型教室與附設幼兒園興起

Unit 10-8
校長需了解的學校文化

一、前言

　　許多校長新官上任就希望馬上能有一番作為，讓外人看到自己的付出與績效，因此常會想立即大刀闊斧改革一番。想有積極作為的校長會立即發放問卷詢問教師，學校有何需要改進的地方，針對教師填寫問卷所回答的建議，整理一番並詳實記錄，企圖求新求變；或是利用與教師晤談，或是從上級長官或家長會等相關人士口中了解目前學校的需求，尋找相對應的解決之道。但是，許多經驗老到而且辦學認真的校長，則會在布達後，將了解組織文化列為首要任務。也因此，這些校長會先對學校內外部的組織文化做全盤的了解後，才以漸進式的方式，不知不覺地進行改變。說穿了，也就是落實校長的文化領導。

二、校長文化領導的階段與策略

　　校長要能了解學校文化，才能領導學校文化。而學校文化有其由來已久的根層的基本假設、淺層的價值觀，以及表層的外顯器物與制度。因此，校長必須借力使力，透過文化領導來領導學校文化，學校文化的發展策略與校長的因應之道如下：

（一）了解組織文化（觀察以了解）

1. 時間：校長到校的第一年。
2. 功能：承先，蕭規曹隨，掌握全局。
3. 內容：校長需要先觀察，不需做太大的變動。多邀請教師談話聊天，因為一開始一定會有教師主動找校長進行談話，或為派系的對立；或為利益的維繫，校長必須查明。此外，對於游離的冷漠者群體更需與其交談，以了解其需求。校長可以藉由了解下列問題以掌握全局，分述如下：

1. 學校興建的原因，以及與鄰近學校的關係為何？
2. 學校是否曾歷經轉型？（高職轉綜高）轉型是否成功？
3. 學生的組成結構、家長社經地位，以及社區生活型態為何？
4. 教師的組成結構（年齡與專長比例）為何？
5. 上屆校長的治校背景、理念，以及風評為何？行政團隊與教師之間的關係為何？
6. 學校曾經發生過的重大危機為何？
7. 學校經常舉辦的特殊儀式為何？是否已經成為學校特色？
8. 學校的次級團體有哪些？是否曾造成校長領導的阻礙？
9. 社區人士對學校的評價與期待為何？
10. 學校成員認為目前學校最急迫需要改進的議題為何？

（二）維繫組織文化（支持以維繫）

1. 時間：校長辦學的第二年開始。
2. 功能：固本，順勢而為，凝聚共識。
3. 內容：校長需要在特定的基礎上維持現有組織文化，並做適度改進，藉以凝聚共識。在觀察一年後，校長可以邀請新進人員辦理校內活動，以迅速進入狀況；對於資深教師，校長可以清楚說明自己的學校辦學理念，以及某些辦學上與學校既有文化儀式牴觸的原因，迅速取得共識；對於家長及社區人士等外部成員，校長可以依法邀請家長會代表成員進入參與各項會議，使其了解校內運作狀況，此外，更需要時勤走社區活動，以增加曝光率，讓人感受到校長的用心辦學。

（三）更新組織文化（修正以更新）
1.時間：校長辦學的第三年開始。
2.功能：啟後，重塑再造，變革創新。
3.內容：校長可以在二年內做好改善記

錄表，逐一著手進行，過程中多與教師溝通，方向對了，成員就會心悅誠服配合學校政策。

校長文化領導的階段與策略

任務	了解組織文化	功能	承先，蕭規曹隨，掌握全局
時間	校長到校的第一年	方式	觀察以了解

任務	維繫組織文化	功能	固本，順勢而為，凝聚共識
時間	校長辦學的第二年開始	方式	支持以維繫

任務	更新組織文化	功能	啟後，重塑再造，變革創新
時間	校長辦學的第三年開始	方式	修正以更新

校長初任學校需了解的十大課題

1. 學校興建的原因，以及與鄰近學校的關係為何？
2. 學校是否曾歷經轉型？（高職轉綜高）轉型是否成功？
3. 學生的組成結構、家長社經地位，以及社區生活型態為何？
4. 教師的組成結構（年齡與專長比例）為何？
5. 上屆校長的治校背景、理念以及風評為何？行政團隊與教師間的關係為何？
6. 學校曾經發生過的重大危機為何？
7. 學校經常舉辦的特殊儀式為何？是否已經成為學校特色？
8. 學校的次級團體有哪些？是否曾造成校長領導的阻礙？
9. 社區人士對學校的評價與期待為何？
10. 學校成員認為目前學校最急迫需要改進的議題為何？

Unit 10-9
校長需處理的耐震補強

一、校舍耐震補強的定義

當校舍因老舊問題、突然發生之外力，導致耐震能力不足時，視耐震需求，考量校舍的使用（期程）性、經濟性與施工性，以強度補強、韌性補強或強度及韌性二者綜合補強之原則，配合適當的工法，增加建築物的耐震能力。耐震補強的優點如下：

1. 使用性：時間上，耐震補強工期較短，不需如拆除重建般耗費過多時間，能在短期間內完工讓學生使用，較為省時。
2. 經濟性：價格上，耐震補強費用比拆除重建來得便宜實惠，可為學校及主管機關節省不少經費，較為經濟。
3. 施工性：耐震補強施工上較易實施，不須如拆除重建般需重新設計規劃建造。

二、耐震補強的工法

1. 擴柱補強：擴大既有柱之斷面，以同時增加建築物之強度與韌性。
2. 增設翼牆補強：於既有獨立柱兩旁加設單片或雙片牆體。
3. 增設剪力牆補強：於既有梁柱架構內加設整片牆體。

三、耐震補強的流程

實務上，耐震補強需要考量的流程如下：

1. 考量期程：期程上到底是要「分期施工」還是「同時施工」，就必須將學校的需求納入考量，例如：施工校舍數的多寡、結構體損壞程度、教室空間的需求等均須納入考量。
2. 舉辦家長說明會：決定期程後，不管是分期施工還是同時施工，均有借用校舍問題，此時校長在執行耐震補強前，最好先召開家長說明會，讓家長能夠全盤了解學校為什麼要進行耐震補強。獲得家長的支持後，學校在實施耐震補強計畫才不會事倍功半。

3. 借用校舍：耐震補強期間如果學校校舍無法容納所有學生上課時，這時就必須借用校舍上課。校長除了行文教育局說明需求，請求局裡支持外，也必須與鄰近學校進行溝通，如果是私校則有租賃關係，租金需呈報局裡編列經費支應。原則上借用校舍一定會經歷「一波三折」的歷程，校長心中雖然「五味雜陳」，但謹記要「忍辱負重」。
4. 課務安排：耐震補強期程若較長，且為同時期程，這時借用校舍後，課務安排很重要，務必要跟鄰近學校借課，這時候寒暑假上課就很重要，因為借用的學校基本上寒暑假不上課，因此學校必須在寒暑假安排一些課務，除了原本學校的課務安排之外，尚需考量各年級原來的輔導課。
5. 學生輔導：在學生輔導部分，於寒暑假期間，除請導師協助關懷，留意學生生活狀況外，並可於正式上課前，利用班級聯絡網進行開學前的通知。寒暑假（正式上課）後，國小轉銜會議上的新生名單，事先安排認輔教師，視其就學狀況進行介入。又因分各地上課，且輔導教師亦有課務，遂請輔導教師利用授課時，於空堂進行輔導；若任教班級與認輔個案上課地點不同，就可以較長的空堂時間前往。
6. 課桌椅的搬運：如果是鄰近學校，可以請學生自行搬運，學校要有督導人員，務必做好搬運過程中的安全防護；此外，較遠無法徒手搬運的學校亦須於計畫中編列工程管理費以支應。
7. 校舍維護還原：校舍完工後，務必記得進行還原的工作，盡量在走過後，不要留下痕跡。

校舍耐震補強的工法

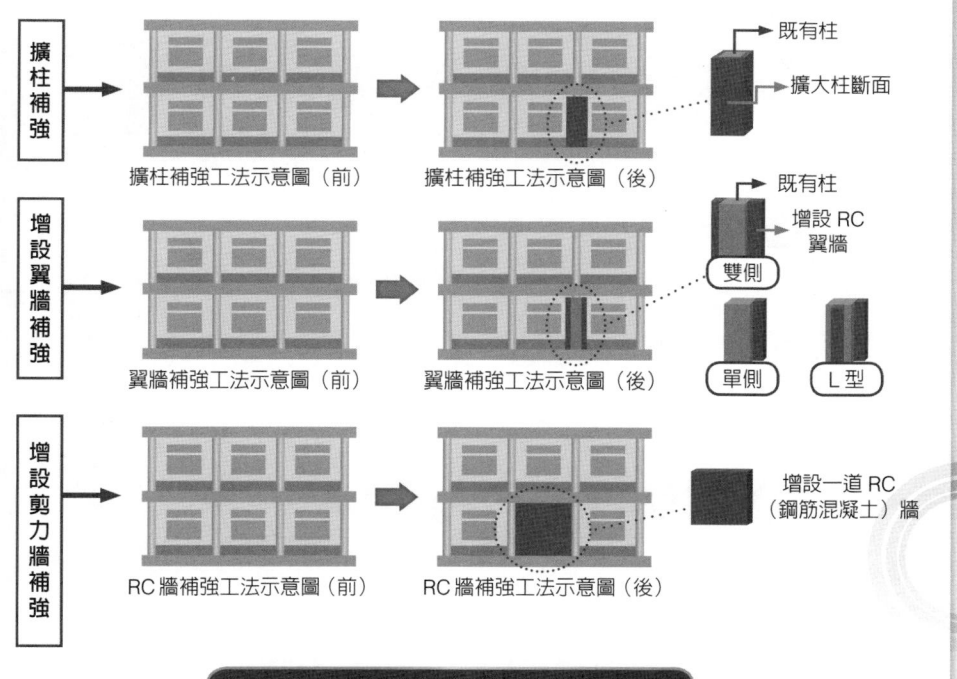

擴柱補強

擴柱補強工法示意圖（前）　擴柱補強工法示意圖（後）

→既有柱
→擴大柱斷面

增設翼牆補強

翼牆補強工法示意圖（前）　翼牆補強工法示意圖（後）

→既有柱
增設 RC 翼牆
雙側
單側　　L 型

增設剪力牆補強

RC 牆補強工法示意圖（前）　RC 牆補強工法示意圖（後）

增設一道 RC（鋼筋混凝土）牆

校舍耐震補強的流程

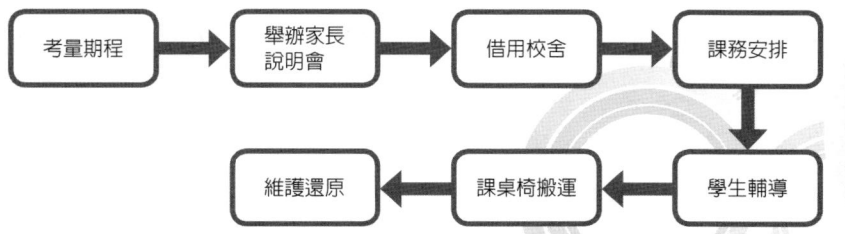

考量期程 → 舉辦家長說明會 → 借用校舍 → 課務安排 → 學生輔導 → 課桌椅搬運 → 維護還原

國家圖書館出版品預行編目資料

圖解教育行政實務 / 秦夢群, 鄭文淵著. --
初版. -- 臺北市 : 五南, 2019.01
　　面 ; 　公分
ISBN 978-957-11-9944-3(平裝)

1.教育行政

526　　　　　　　　　　107015699

1I76

圖解教育行政實務

作　　　者－秦夢群（434.1）鄭文淵

發 行 人－楊榮川

總 經 理－楊士清

副總編輯－陳念祖

責任編輯－李敏華

封面設計－姚孝慈

出 版 者－五南圖書出版股份有限公司

地　　　址：106台北市大安區和平東路二段339號4樓

電　　　話：(02)2705-5066　傳　　　真：(02)2706-6100

網　　　址：http://www.wunan.com.tw

電子郵件：wunan@wunan.com.tw

劃撥帳號：01068953

戶　　　名：五南圖書出版股份有限公司

法律顧問　林勝安律師事務所　林勝安律師

出版日期　2019年1月初版一刷

定　　　價　新臺幣300元